JN438895

INTRODUCTION TO
ECONOMIC DATA ANALYSIS

경제자료의 기초분석

안형택 · 유경준 지음

도서출판
시대가치

머리말

이 책은 경제학을 전공하는 학생들을 위한 경제통계학 입문서다. 경제통계학은 경제학의 이론을 검증하고 제반 경제현상을 이해하며 미래를 예측하기 위해 통계학의 방법론을 이용하여 경제자료를 분석하는 것을 목표로 한다. 특히 우리나라의 경제현상을 이해하고 분석하는 것은 경제통계학을 학습하는 중요한 목표라 할 수 있다. 그런데 현재 서점에서 판매되고 있는 경제통계학 교과서들 중 상당수는 외국의 서적을 번역한 것으로 그 나라의 경제자료를 사용하고 있다. 이는 기초적인 통계분석 목적으로는 사용될 수 있지만 우리나라의 경제자료를 이해하기 위한 용도로는 적절치 못하다. 이 책에서는 우리나라의 가장 기본적인 통계자료라 할 수 있는 경제활동인구조사자료를 토대로 정규직과 비정규직 임금근로자들의 고용과 임금에 관한 경제자료를 구축하고 활용하는 통계학적 방법론을 소개한다. 비정규직 근로자는 우리나라에서만 정의되고 있는 독특하고 까다로운 개념이다. 따라서 이 책에서 구축한 것과 같은 경제자료를 사용하는 통계적 분석은 우리나라 노동시장의 특수성을 반영하는 상징적인 것이라 할 수 있다. 물론 정책적 시사점을 도출하고자 하는 당사자가 직접 통계청에서 자료를 제공 받고 통계적 분석을 하는 용도로 이 책을 활용하는 방안도 생각해 볼 수 있다.

이 밖에도 상당수의 경제통계학 교과서에서 경영학 등 다른 분야와 함께 묶어 통계이론을 소개하고 있어 경제자료를 사용하는 경제통계학에서 중요하게 설명되어야 할 것들을 생략하는 것도 안타까운 일이 아닐 수 없다. 우리가 사용하고자 하는 대부분의 경제자료는 개별 경제주체들의 경제적 동기에 의해 어떠한 선택을 했는지에 따라 결정된 산물이다. 따라서 경제학적 시각에서 경제자료의 특성을 살펴보지 않고 다른 학문분야와 함께 묶어 통계이론을 적용하는 것은 통계학의 단순 응용에 불과할 뿐이다. 이에 따라 이 책에서는 기초적인 통계학적 방법론을 소개하는 것 이외에도 경제자료가 가지는 특성에 대해 설명함으로써 이 과목을 배우는 학생들로 하여금 향후 보다 높은 수준의 계량경제학 학습에 필요한 기초 지식을 갖추도록 하는 것을 추구한다.

이 책은 기존의 경제통계학 교재를 대체하는 것보다는 보완하는 성격이 더 강하다. 특히 기존의 경제통계학 교재들에서 적지 않은 비중을 차지하는 통계이론 관련 연습문제들이 이 책에서는 생략되어 있다. 경제통계학을 처음 학습하는 학생들에게 기초적인 통계이론에 관한 연습문제에 접할 수 있도록 하는 것은 매우 중요하다. 이에 따라 이 책과 함께 기초 통계이론에 관한 연습문제가 많이 있는 교재를 사용하는 것이 바람직할 것이다. 아울러 이 책에는 크기가 작은 표본을 사용하는 통계이론이 상세하게 소개되어 있지 않다. 이에 따라 소표본 통계이론을 상세하게 설명하는 교재를 이 책과 함께 사용하는 방법을 생각해 볼 수 있다. 이 책에서 소표본 통계이론을 자세히 다루지 않는 이유는 현재 대부분의 경제자료들의 크기가 상당히 크기 때문이다. 이처럼 경제통계학에서는 크기가 큰 표본을 사용하는 통계이론이 더 필요하지만, 경제학을 전공하는 학생들에게 대표본 통계이론을 엄밀하게 강의하는 것은 어려운 일이다. 이에 따라 이 책에서는 통계학의 대표본 이론을 간략하고 직관적으로 소개한다.

마지막으로 이 책을 출간하는 데 많은 도움을 주신 이화여자대학교 행정학과의 박정수 교수님께 감사의 말씀을 드리는 바이다.

저자 안형택 · 유경준

차 례

PART 1 경제자료의 분석

Chapter 1 경제자료 ········ 3

제1절 센서스와 표본조사 ········ 3

제2절 경제자료의 분석 ········ 6

제3절 경제자료의 분석도구 ········ 9

Chapter 2 고용임금통계자료 ········ 11

제1절 자료의 구축 ········ 11

제1항 경제활동인구조사자료의 추출 / 11

제2항 경제활동인구조사자료의 가공 / 14

제2절 고용임금통계자료의 설명 ········ 15

[실습문제] / 16

부록A • 경제활동인구조사표 및 근로형태별 부가자료조사표(8월) ········ 17

부록B • 비정규직 근로자의 의미 ········ 23

부록C • R 프로그램 코드 ········ 24

Chapter 3 경제자료의 유형 ········ 27

제1절 스프레드시트 ········ 27

제2절 변수의 유형 ········ 29

PART 2 경제자료의 기술

Chapter 4 개별 변수의 기술 35

제1절 정성적 변수의 기술 35

제2절 정량적 변수의 기술 37

제1항 히스토그램 / 37

제2항 정량적 변수의 위치척도 / 41

제3항 정량적 변수의 변동성 척도 / 44

제4항 상자그림 / 47

[실습문제] / 48

부록 • MSE와 RMSE 49

Chapter 5 변수 간의 관계에 대한 기술 51

제1절 다변량 자료의 분포 51

제2절 두 정성적 변수의 분포에 관한 기술 52

제1항 결합분포의 기술 / 52

제2항 조건부 분포의 기술 / 53

제3절 두 정량적 변수의 분포에 관한 기술 55

제1항 산포도 / 55

제2항 선형관계의 측정 / 57

[실습문제] / 62

부록 • 기타 시각화 방법 63

PART 3 확률분포

Chapter 6 확률과 확률변수 69

제1절 확 률 69

제1항 확률실험 / 69

제2항 확 률 / 72

제3항 결합확률과 조건부 확률 / 74
제2절 확률변수 77

Chapter 7 확률변수의 확률분포 81
제1절 확률분포 81
제1항 이산확률변수의 확률분포 / 81
제2항 연속확률변수의 확률분포 / 84
제2절 확률분포의 주요 특성 87
제1항 기대값 / 87
제2항 분산과 표준편차 / 90
제3절 주요 확률변수의 확률분포 92
제1항 이산확률변수 / 92
제2항 연속확률변수 / 95
부록 • 표준정규분포의 CDF 104

Chapter 8 두 확률변수의 확률분포 105
제1절 결합 확률분포 105
제1항 결합 PMF와 결합 PDF / 105
제2항 결합 확률분포의 특성 / 108
제2절 조건부 확률분포 112
부록 • 연속확률변수의 결합 확률분포와 조건부 확률분포 117

PART 4 표본의 이해

Chapter 9 표본과 표본통계량 121
제1절 모집단과 표본 121
제2절 통계량과 표본분포 125

Chapter 10 표본평균의 표본분포 129

PART 5 통계적 추론

Chapter 11 추 정 ········· 135

제1절 점추정 ········· 135

제2절 신뢰구간 ········· 144

[실습문제] / 150

Chapter 12 가설검정 ········· 151

제1절 주요 개념 ········· 151

제2절 통계적 가설검정 ········· 157

[실습문제] / 165

Chapter 13 통계적 추론의 응용 – 평균의 차이 ········· 167

제1절 두 모집단 평균의 차이 ········· 167

제2절 조건부 평균의 차이 ········· 172

제3절 인과효과 ········· 178

[실습문제] / 183

■ 실습문제 해답 ········· 185

■ 찾아보기 ········· 191

PART 01

경제자료의 분석

Chapter 1 경제자료

Chapter 2 고용임금통계

Chapter 3 경제자료의 유형

Chapter 1

경제자료

제1절 센서스와 표본조사

센서스

현재 전 세계의 많은 국가들은 자국에 거주하고 있는 모든 인구 구성원들에 대한 다양한 정보를 체계적으로 획득하고 기록하려는 목적에서 센서스(Census) 혹은 인구조사라고 하는 통계조사를 하고 있다. 센서스라는 단어는 'Censor'라는 이름의 로마의 감찰관이 인구조사 업무를 담당한 것에서 유래되었다. 그렇지만 센서스의 역사는 그보다 훨씬 이전인 B.C. 3600년경 고대 바빌로니아 시대로 거슬러 올라갈 수 있다. 고대국가에서 센서스는 사람 수를 파악하여 세금을 부과하거나 전쟁에 동원할 장정들을 모집하려는 용도로 활용되었다. 19세기까지만 하더라도 센서스 자료를 통해 파악할 수 있는 정보는 인구의 수와 분포를 추계하는 정도로 매우 기초적인 것에 불과하였다. 그러던 것이 20세기로 들어서면서 고용에 관한 정보가 기록되기 시작하였고, 최근에는 경제와 사회의 발전 및 복지제도의 확충을 포함하여 매우 다양한 분야로 활용될 수 있게끔 진화하였다. 심지어 센서스 자료를 사용한 국가간 비교도 의미 있게 사용되게 되었다. 참고로 UN에서는 센서스를 특정 시점에 한 국가 또는 일정한 지역의 모든 사람, 가구, 거처와 관련된 인구·경제·사회학적 자료를 수집, 평가, 분석, 제공하는 전 과정이라 정의하고, 전 세계 모든 국가들이 최소한 10년 주기로 센서스를 실시할 것을 권고하고 있다. 이에 따라 2020년 현재 95% 정도에 달하는 UN 회원국들이 센서스 조사를 실시하고 있다.

대부분의 국가들은 센서스를 사회분야 각종 통계의 기준점으로 사용되는 통계자료의 근간으로 활용하고 있으며, 적어도 기본적인 항목들에 대해서는 그 나라에 거주하는 모든 인구 구성원들을 대상으로 조사하는 전수조사(complete enumeration survey)하는 방법을 사용한다. 그렇지만 불행하게도 2020년에는 전 세계적으로 코로나 바이러스(COVID-19)가 유행함에 따라 몇몇 국가들에서 센서스 조사가 연기되는 현상도 발생하였다.

우리나라의 센서스에 해당하는 인구주택총조사는 통계관련 주무 기관인 통계청에서 1925년부터 5년을 주기로 전국의 읍면동 단위까지 일시에 조사해 오고 있다. 인구주택총조사의 조사항목 중 인구, 가구, 주택의 총 규모, 구조 등에 관한 일반적인 특성은 매년 생성되고 있는 주민등록부와 건축물대장 등의 행정자료로 대체될 수 있다. 이처럼 행정자료로 대체될 수 있는 항목은 등록센서스라 하여 조사대상을 직접 조사하지 않아도 된다. 이에 반해 행정자료로 대체될 수 없는 각 지역의 복지 · 경제 · 교통에 관한 정보 등은 전체 가구의 20%에 해당하는 약 400만 가구에 대한 현장조사 방식으로 조사가 이루어지고 있다. 참고로 2015년에 실시되었던 64개 조사항목 중 52개는 행정자료로 대체되지 못했던 것으로 집계되고 있다. 현장조사 방식으로는 조사원이 방문하여 조사하는 전통적인 면접조사 또는 우편조사가 사용되고 있다. 그리고 이외에 전화조사와 인터넷조사가 함께 사용되고 있다.

표본조사

전수조사는 모집단(population)의 다양한 특성을 파악하기 위한 가장 이상적인 방법이다. 여기에서 모집단이란 통계적 분석의 목표가 되는 집단을 일컫는 통계학의 용어다. 앞에서도 보았듯이, 전 세계의 주요 국가들에서 센서스의 기본 항목들은 전수조사가 기본이다. 그렇지만 모집단의 크기가 클 경우에는 전수조사를 하는 데 비용과 시간이 많이 소요된다. 이러한 전수조사의 문제점을 해소하기 위해 모집단에 있는 일부 개체만을 조사하는 표본조사(sample survey)가 사용될 수 있다. 예컨대, 15세 이상의 임금근로자와 같이 센서스에 있는 특정 집단을 목표 모집단으로 삼고 그 일부 구성원을 추출하여 조사하는 것은 표본조사에 해당한다. 과학적이고 체계적인 방식으로 표본조사에서 얻어진 결과를 해석하는 것은 통계학의 주요 목표에 해당한다.

그렇지만 모집단에 대비하여 표본의 크기가 작다면 대표성과 분석의 신뢰도를 확보하기가 어렵다. 이에 따라 표본추출자의 주관적인 의도나 판단이 개입되지 않도록 표본을 추출하는 것이 중요하다. 무작위 표본추출법(random sampling method)은 표본을 구성하는 각 개체들이 그 표본에 포함될 확률이 서로 다르지 않도록 함으로써 표본의 품질을 보증하는 방법이다. 참고로 우리나라는 정확도를 필요로 하는 국가통계를 작성할 때 반드시 이 방법을 사용하도록 하고 있다.

무작위로 표본을 추출하는 방식은 단순임의 추출법(simple random sampling method), 체계적 추출법(systematic sampling method), 군집 추출법(cluster sampling method), 그리고 층화 추출법(stratified sampling method) 등 매우 다양하다. 첫 번째의 단순임의 추출법은 컴퓨터로 난수표를 생성하는 것과 같은 방식에 따라 표본을 추출하는 방식이다. 이 방법은 가장 단순하면서도 기본적인 표본추출 방법이지만, 모집단에 있는 개체의 수가 많은 경우에는 비현실적이다. 두 번째의 체계적 추출법은 모집단의 각 구성단위에 순서를 정한 다음 정해진 순서에 따라 일정한 간격으로 표본을 추출하는 방식이다. 예컨대, 모집단의 전체 구성원을 1부터 N까지의 번호로 표시하고 특정 끝자리 수에 해당하는 구성원을 반복적으로 추출하는 방법은 10%의 표본을 체계적으로 추출하는 방법에 해당한다. 세 번째의 군집 추출법(집락 추출법)은 전체 모집단을 다수의 소집단(cluster)으로 구분하고 무작위로 몇 개의 소집단을 선택한 다음 선택된 소집단에 속한 모든 개체를 전수조사하는 방법이다. 그리고 네 번째의 층화 추출법은 일정한 기준에 따라 모집단을 몇 개의 층으로 분할한 후, 각 층에서 단순임의추출 방식으로 표본을 추출하는 표본추출 방법이다.

제2절 경제자료의 분석

경제분야에 사용되는 통계자료를 경제자료(economic data)라 한다. 그리고 경제통계학(economic statistics)은 경제자료를 수집하고 과학적으로 분석하는 통계학의 응용 분야다. 경제통계학의 목표는 경제현상을 기술하고 경제이론을 검증하며 미래를 예측하는 것에 있다.

정의 경제통계학

경제통계학은 경제자료를 수집하고 분석하는 통계학의 응용 학문이다. 경제통계학의 목표는 경제현상을 기술하고 경제이론을 검증하며 미래를 예측하는 것이다.

이 교재의 목표는 우리나라에서 만들어진 실제의 경제자료를 사용하여 기초적인 분석을 하는 경제통계학의 방법론을 소개하는 것이다. 이를 위해 먼저 우리나라의 경제자료가 어디에서 어떻게 생산되어 활용되고 있는지에 대해 살펴 볼 필요가 있다. 참고로 우리나라 국가통계포털(KOSIS) 사이트(http://kosis.kr/index/index.do)에서는 주제별 또는 생성기관별로 우리나라에서 생성된 통계자료를 확인할 수 있으며 해외에서 생산된 각종 통계자료들도 찾아 볼 수 있다.

|참고| 우리나라의 통계자료

2019년 3월을 기준으로 우리나라에서 작성된 국가승인 통계자료의 수는 모두 1,144개다. 이 중 우리나라의 통계전문기관인 통계청에서 직접 작성한 통계자료는 61개이며, 대부분 우리나라의 인구와 경제 및 사회의 기본적인 특성에 관한 기초적인 자료다. 그리고 〈표 1.1〉에서도 볼 수 있듯이, 통계청을 제외한 45개의 중앙행정기관에서 작성한 통계자료의 수는 332개에 달한다.

이외에도 서울시를 포함한 260개의 지방자치단체에서 550개의 통계자료를 작성

하였으며, 114개에 달하는 지정기관에서도 201가지의 통계자료를 작성하였다. 특히, 한국은행은 통화금융과 실물경제 및 지급결제 등 여러 부문에 걸쳐 정부의 경제정책, 한국은행의 통화신용정책, 일반국민의 조사·연구 활동 등에 활용되는 통계자료(16개)를 작성하여 사용하고 있는 주요 금융기관이다. 그리고 국민건강보험공단(7개)과 한국고용정보원(5개) 및 건강보험심사평가원(4개) 등의 기관들도 건강보험과 고용보험을 바탕으로 하는 광범위한 행정자료를 집계하고 있어, 향후 관련 빅데이터의 원천으로 부상할 가능성이 있는 통계작성 기관이다.

표 1.1 우리나라의 통계자료 (2019.3)

구 분	작성 통계 수
중앙행정기관	**393**
통계청	61
통계청 이외의 기관	332
지방자치단체	**550**
지정기관	**201**
금융기관	23
공사/공단	60
연구기관	48
협회/조합	32
기타기관	38
계	**1,144**

통계학에서 실제 자료를 분석하는 방법은 크게 기술통계학(descriptive statistics)과 추론통계학(inferential statistics) 등의 두 가지 분야로 나누어진다. 기술통계학은 주어진 자료를 도표나 수식의 상태로 요약·정리하여 기술하는 통계학이다. 그리고 추론통계학은 특정 자료에 내재되어 있는 정보를 분석함으로써 주어진 자료보다 더욱 일반적인 특성을 과학적으로 추론하는 통계학의 방법론이다.

정의 기술통계학과 추론통계학

기술통계학(Descriptive Statistics)

- 주어진 자료를 도표나 수식의 상태로 요약·정리하여 기술하는 방법

추론통계학(Inferential Statistics)

- 특정 자료에 내재되어 있는 정보를 분석하여 주어진 자료보다 더욱 일반적인 특성을 과학적으로 추론하는 방법

컴퓨터의 연산처리 속도가 그리 빠르지 않았던 시절에는 크기가 큰 자료를 사용한 통계적 추론이 불가능했다. 이에 따라 통계자료의 크기가 제한될 수밖에 없었고, 감당할 수 있을 정도로 크기가 작은 자료를 사용하여 통계적 추론을 하는 통계모형에서는 자료가 추출되어 나온 모집단의 분포특성에 대해 강한 가정을 할 수밖에 없었다.[1] 그러나 만일 그러한 가정이 사실과 다르다면, 통계적 추론의 결과가 틀릴 수도 있다. 아쉽게도 많은 통계학 교재들은 이처럼 틀릴 위험이 큰 가정을 거의 무비판적으로 받아들이고 있다.

최근에는 컴퓨터의 연산능력이 크게 향상됨에 따라 크기가 상당히 큰 통계자료를 저장하고 분석할 수 있게 되었다. 이에 따라 예전과 같이 모집단 분포특성에 대해 강한 가정을 하는 대신 크기가 큰 자료를 이용한 통계적 추론을 할 수 있게 되었다. 우리가 이 교재에서 다루게 될 경제자료의 크기도 큰 편이다. 따라서 사실과 다를 수 있는 강한 가정을 무리하게 도입하지 않고도 통계적 추론을 할 수 있다.

1 특히 모집단의 분포가 정규분포(normal distribution)를 따를 것이라는 가정을 많이 했다. 그렇지만 모집단분포가 정규분포라는 근거는 어디에도 없다. 이외에도 모집단 분포의 분산 형태에 대해서도 사실과 다를 가능성이 큰 강한 가정을 통계모형에 도입하여 통계적 추론을 했었다. 이에 대한 설명은 추론통계학을 설명하는 부분에서 보다 상세하게 소개될 것이다.

제3절 경제자료의 분석도구

경제자료를 분석하는 도구로 이미 개발되어 있는 다양한 통계 패키지들을 사용할 수 있다. 이 중 엑셀(Excel)은 가장 기초적인 통계분석 용도로 사용될 수 있는 스프레드시트 프로그램이다. 엑셀 프로그램은 기초적인 통계분석 이외에도 회계와 각종 데이터베이스 관리에서도 사용되고 있을 만큼 매우 보편적으로 사용되고 있으며, 프로그램 사용법을 비교적 쉽게 익힐 수도 있다. 따라서 경제자료의 분석 이외에도 여러 다양한 분야의 사람들과의 공동작업에 자주 사용될 수 있는 엑셀의 사용법을 익혀 두는 것은 매우 유익할 것이다. 그렇지만 이 프로그램을 전문적인 통계분석 용도로 활용하는 것은 분명 한계가 있다.

경제자료를 보다 전문적으로 분석하기 위해 영리목적으로 판매되고 있는 통계 패키지를 구매하여 사용할 수도 있다. 예전에는 SPSS와 SAS 등의 상업용 패키지들이 많이 사용되었지만, 최근에는 Stata 또는 Eviews 등을 사용하는 빈도가 점차 많아지고 있다. 두 패키지 모두 프로그램이 자주 업데이트되는 편이라 비교적 새로운 이론을 응용하려 할 때에도 어렵지 않게 사용할 수 있고, 패키지 판매 회사로부터 전문적인 지원을 받을 수도 있다. 하지만 상업용 패키지의 구매비용이 만만치 않게 소요될 수 있으며, 엑셀만큼 보편적으로 사용되는 프로그램이 아니라는 것도 문제가 될 수 있다.[2]

상업용 패키지를 구매하는 대신 R이나 파이선(Python)과 같은 오픈소스 패키지를 무료로 다운받아 사용하는 방법도 고려할 수 있다. 이 패키지들은 전 세계의 수많은 사람들이 전문적인 통계분석 용도로 사용하고 있으며, 인터넷 등에서 사용법을 찾아 볼 수도 있다. 그렇지만 이러한 오픈소스 패키지를 사용한 통계분석을 할 때, 비교적 높은 수준의 컴퓨터 프로그래밍 언어를 사용한 코딩 작업이 필요하며 그와 같은 작업에 익숙해질 때까지 많은 노력과 시간을 투자해야

2 상업용 패키지 판매 회사들은 교육기관과 학생들에게 패키지를 구매하고 사용하는 비용을 상당히 감면해주고 있는 편이다. 자신의 패키지에 익숙해진 학생들이 사회에 진출하여 통계분석을 하더라도 그 패키지를 그대로 사용할 가능성이 크기 때문이다.

한다. 그럼에도 불구하고 R이나 파이선을 사용하여 전문적인 통계분석을 하는 경우가 더욱 늘어나고 있다. 뿐만 아니라 두 오픈소스 패키지는 최근 주요 관심을 모으고 있는 빅데이터 분석에도 많이 사용된다. 따라서 익숙해질 때까지 많은 어려움이 따르는 문제가 있더라도 충분한 시간을 투입하여 기본적인 코딩 작업을 익혀둘 가치는 있을 것이다.

Chapter

2

고용임금통계자료

이 책에서 주로 사용하게 될 경제자료는 고용임금통계자료다. 이 자료는 우리나라 임금근로자들의 급여와 근로시간 등을 실증분석하는 것을 목표로 8월의 경제활동인구조사자료를 기반으로 만들어진 표본조사자료다. 이에 따라 여기에서는 통계청의 경제활동인구조사 중 8월의 근로형태별 부가조사자료를 어떻게 추출하며, 추출한 자료를 어떻게 가공하는지에 대해 살펴보기로 한다.

제1절 자료의 구축

제1항 경제활동인구조사자료의 추출

경제활동인구조사는 취업, 실업, 노동력 등 국민의 경제활동에 관한 특성을 조사하여 노동공급, 고용구조, 가용노동시간 및 인력자원의 활용 정도를 파악하려는 목적에서 통계청에서 매월 작성하여 공표하고 있는 고용분야의 표본자료다. 특히, 8월의 근로형태별 조사자료는 우리나라의 취업자 중 임금근로자들의 고용과 임금에 관한 정보가 기록되어 있다. 참고로 이 자료는 우리나라의 여러 정부부처와 연구기관 등에서 활용되고 있을 뿐 아니라, 국제노동기구(ILO, International Labor Organization)의 권고안에 근거하여 조사가 시행되고 있어 해외의 여러 국가들과의 직접적인 비교도 가능하다.

경제활동인구조사의 대상은 조사기간 동안 우리나라에 거주하고 있는 만 15세 이상의 국민이다. 그리고 조사대상이 선정되는 절차는 2단계로 설명할 수 있

표 2.1 경제활동인구조사의 유형과 조사항목

조 사		조사항목
본조사		조사대상의 인적사항과 취업자, 실업자, 비경제활동인구 등
부가조사	근로형태별 부가조사, 8월	취업자 중 임금근로자에 관한 사항
	고령층 부가조사, 5월	구직 및 취업경험, 장래 근로에 대한 희망 등
	청년층 부가조사, 5월	최종학교 졸업시기, 취업관련 준비 등
	비임금근로자 부가조사, 8월	사업자금의 조달방법, 창업자금의 규모 등
	비경제활동인구 부가조사, 8월	지난주 주된 활동 상태, 과거(1년~3년 이내) 취업상황, 향후취업 희망여부 관련 등

다. 첫 번째 단계는 인구주택총조사에 있는 전국의 조사구 중에서 일부를 선정하는 것이다. 그리고 두 번째 단계는 첫 번째 단계에서 선정된 조사구 내에서 개별 가구들을 단순임의추출 방식으로 선정하는 것이다. 이와 같은 2단계의 표본추출 방식을 '층화 2단 집락 추출'이라 한다.

그리고 조사자료는 조사원이 경제활동인구조사의 대상으로 선정된 가구들은 직접 방문하여 현지에서 직접 입력하는 면접조사(CAPI, Computer-Assisted Personal Interviewing)를 실시하여 구축한다. 보다 구체적으로, 면접조사 항목들은 〈표 2.1〉와 같이 본조사와 부가조사로 구분하여 정리될 수 있는데, 이 책에서 사용하는 고용임금통계자료에서 필요한 정보는 주로 8월의 근로형태별 부가조사에 포함되어 있다.[1]

근로형태별 경제활동인구조사자료는 통계청의 MDIS(Micro-data Integrated Service) 웹싸이트(https://mdis.kostat.go.kr/index.do)에 접속하여 회원가입을 한 후에 내려 받을 수 있다. 보다 구체적으로, MDIS의 자료이용(다운로드서비스)를 선택한 다음, [그림 2.1]과 같이 "노동 → 경제활동인구조사 → 8월_근로형태별(제공) → 추출하려는 데이터의 연도"를 차례로 선택하여 받으려는 자료를 선택하고, [그림 2.2]와 같이 자료에 포함될 항목들을 선택하여 내려 받으면 된다. 자료는 CSV 또는 텍스트 파일 형식으로 내려 받을 수 있으며, 이와 함께 스크립트 파

1 [부록A]에 있는 본조사와 8월의 근로형태별 부가조사의 설문지를 참조하라.

그림 2.1 근로형태별 경제활동인구조사자료의 추출 (STEP1)

그림 2.2 근로형태별 경제활동인구조사자료의 추출 (STEP2)

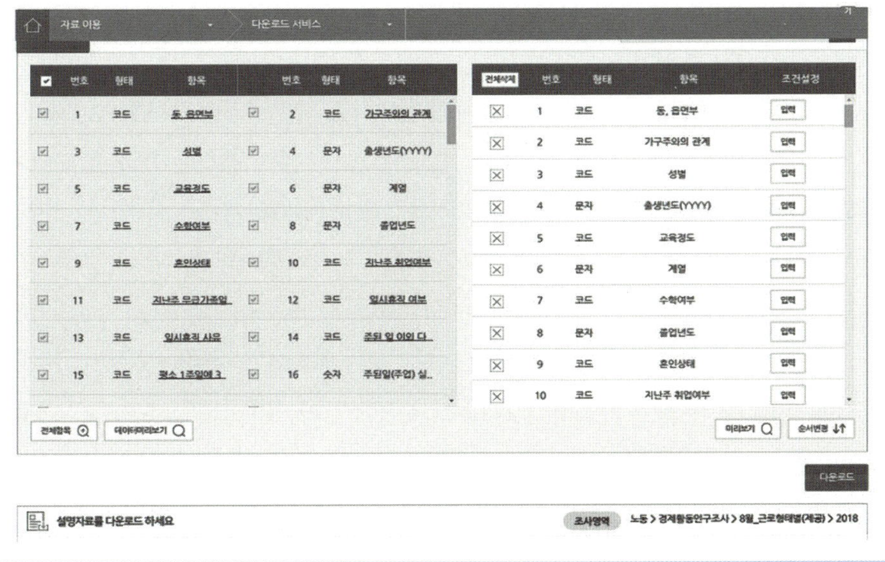

일을 함께 다운받으면 편리하게 사용할 수 있다. 이외에도 다운받은 자료에 있는 숫자들의 의미를 파악할 수 있도록 파일설계서(코드집) 등의 설명자료를 함께 다운받는 것이 중요하다.

제2항 경제활동인구조사자료의 가공

임금근로자들의 고용과 임금에 관한 분석을 할 때, 앞서 내려 받았던 8월의 근로형태별 경제활동인구조사자료(원자료)를 그대로 사용하는 것은 불편하다. 이에 따라 원자료를 가공하여 만들어낸 자료가 고용임금통계자료다. 가공의 첫 번째 단계는 원자료에서 필요하지 않은 근로자들을 제외시키는 것이다. 즉, 원자료에서 종사상 지위(코드번호 27)가 상용근로자, 임시근로자, 일용근로자 등 세 가지 범주에 해당하지 않는 근로자들은 제외시키는 작업이다. 예컨대, 2018년의 고용임금통계자료(Data2018)는 원자료에 있는 61,096명의 근로자 중에서 자영업자와 무급가족종사자, 그리고 무응답자 35,543명을 제외한 나머지 임금근로자 25,543명으로 구성되어 있다.

두 번째 단계는 원자료에 있는 근로자에 관한 여러 다양한 정보 중에서 분석에 필요한 정보만을 추려내는 것이다.[2] 다음 절의 〈표 2.2〉와 〈표 2.3〉에서 볼 수 있듯이, 고용임금통계자료에 있는 임금근로자들에 관한 정보는 모두 16가지다. 이 정보들은 원자료에 있는 정보 중에서 일부를 추린 것이다. 〈표 2.2〉의 마지막에 있는 "*regular*"는 임금근로자의 근로형태가 정규직인지 비정규직인지 여부를 나타낸다. 이를 제외한 다른 15가지의 정보는 원자료에 기록되어 있는 것과 동일하다. 그리고 "*regular*"는 원자료에 있는 여러 정보들을 가공하여 만든 새로운 변수다. 이 변수는 근로형태가 취약한 비정규직 신분으로 근무하는 임금근로자들의 실태를 파악하고 이들의 급여와 근로시간 등을 분석하여 정책을 개선시킬 필요에서 고용임금통계자료에 포함되었다. 비정규직 근로자에 대해서는 [부록B]에 보다 자세하게 설명되어 있으며, 새로운 변수 "*regular*"를 생성시키는 방법은 [부록C]에 소개되어 있다.

2 참고로 2018년에는 125가지의 정보가 포함되어 있다.

제2절 고용임금통계자료의 설명

경제활동인구조사자료의 다양한 정보 중, 고용임금통계자료에는 우리나라의 임금근로자들의 고용과 임금에 관한 11가지의 정보(〈표 2.2〉)와 그들의 사회경제적 배경에 관한 5가지의 정보(〈표 2.3〉)가 기록되어 있다.

표 2.2 고용임금통계자료의 고용과 임금 관련 정보

변 수	설 명
worktime	(근로시간) '주된 일'과 '주된 일 이외에 다른 일'을 합한 1주 동안의 총 근로시간
ind	(산업, 10차 분류) A=농업, 임업 및 어업, B=광업, C=제조업, D=전기, 가스, 증기 및 공기조절 공급업, E=수도, 하수 및 폐기물 처리, 원료 재생업, F=건설업, G=도매 및 소매업, H=운수 및 창고업, I=숙박 및 음식점업, J=정보통신업, K=금융 및 보험업, L=부동산업, M=전문, 과학 및 기술 서비스업, N=사업시설 관리, 사업 지원 및 임대 서비스업, O=공공행정, 국방 및 사회보장 행정, P=교육 서비스업, Q=보건업 및 사회복지 서비스업, R=예술, 스포츠 및 여가관련 서비스업, S=협회 및 단체, 수리 및 기타 개인 서비스업, T=가구 내 고용활동 및 달리 분류되지 않은 자가소비 생산활동, U=국제 및 외국기관
size	(종사자 규모) 1=1~4명, 2=5~9명, 3=10~29명, 4=30~99명, 5=100~299명, 6=300명 이상
occ	(직업, 7차 분류) 1=관리자, 2=전문가 및 관련 종사자, 3=사무 종사자, 4=서비스 종사자, 5=판매 종사자, 6=농림·어업 숙련 종사자, 7=기능원 및 관련 기능 종사자, 8=장치·기계 조작 및 조립 종사자, 9=단순노무 종사자
status	(종사상지위) 1=상용근로자, 2=임시근로자, 3=일용근로자
fulltime	(전일제 여부) 1=전일제, 2=시간제
union	(노동조합 가입 여부) 1=노동조합이 없음, 2=노동조합이 있으나 가입대상이 안됨, 3=노동조합이 있고 가입대상이나 가입하지 않았음, 4=노동조합에 가입하였음
train	(교육훈련 경험) 1=예, 2=아니오
paytype	(임금형태) 1=시급제, 2=일급제, 3=주급제, 4=월급제, 5=연봉제, 6=실적급제, 7=기타
income	(급여) 만원 단위로 측정된 최근 3개월 동안 주된 직장에서 받은 세전 월평균 급여 또는 보수
regular	(정규직 여부) 1=정규직, 2=비정규직

표 2.3 고용임금통계자료의 사회경제적 배경 관련 정보

변 수	설 명
city	(거주지역) 1=동부, 2=읍면부
sex	(성별) 1=남성, 2=여성
age	(만나이) 만나이
edu	(교육수준) 0=무학, 1=초등학교, 2=중학교, 3=고등학교, 4=전문대(초급대, 2년·3년제 대학 포함), 5=대학교(4년제 대학 포함), 6=대학원(석사), 7=대학원(박사)
married	(혼인상태) 1=미혼, 2=유배우, 3=사별, 4=이혼

실습문제

1. Data2018과 동일한 방식으로 16개의 변수들이 있는 2016년과 2020년의 고용임금통계자료를 구축하라. (※ 이하에서는 두 해의 고용임금통계자료를 Data2016과 Data2020이라 칭하기로 한다.)

2. 세 개의 고용임금통계자료(Data2016, Data2018, Data2020) 각각에 있는 임금근로자의 수와 비정규직/정규직 임금근로자의 수는 몇 명인가?

승인번호
제101004호

통계법 제32조(성실응답의무), 통계법 제33조(비밀의보호)
응답하신 내용은 통계법 제33조에 따라 엄격히 보호되며 통계작성 목적 외 다른 용도로 사용되지 않으니 성실하고 정확하게 응답하여 주시기 바랍니다.

(20 년 월)

경제활동인구조사표

이 조사는 매월 국민의 취업, 실업 등과 같은 경제적 특성을 조사하여 일자리 지원 등 고용정책을 위한 기초 자료로 활용됩니다. 응답하신 내용은 통계법 제33조에 의해 철저히 보호되고 있으며, 통계작성 목적으로만 사용됩니다. 성실한 응답에 감사드립니다.

관리사항

조사구번호							–		
구역 및 거처번호									
가구번호									

조사담당자 기입사항

조사일	월 일
조사방법	1. 면접조사(mCAPI, PAPI) 2. 응답자 기입(CASI, mCASI) 3. 기타
조사자 성명	
응답자 구분	
비고	

가구원 현황 및 가구구분

구분		남		여		계	
총가구원							
제외자	15세 미만						
	15세 이상						
대상가구원							
제외자중 가구주유무		1. 있음			2. 없음		
가구구분		1. 농가			2. 비농가		

http://kostat.go.kr

※ 가구원 번호 [ ][ ] ____________

I 인적사항

1 가구주와의 관계	2 성별 / 3 생년월일	4 교육 정도 — 학력 및 교육 영역			4 교육 정도 — 수학 여부	5 혼인상태
1. 가구주 2. 배우자 3. 미혼자녀 4. 기혼자녀 5. 손자녀 6. 부모(장인·장모) 7. 조부모 8. 미혼형제·자매 9. 기타	**2 성별** 1. 남자 2. 여자 **3 생년월일** [ ][ ][ ][ ] 년 [ ][ ] 월 [ ][ ] 일	0. 무 학 1. 초등학교 2. 중 학 교 3. 고등학교 → ① 인문계열 ② 예술·체육계열 ③ 상농공수산계열등	4. 전문대 (초급대, 2년·3년제 대학 포함) 5. 대학교 (4년제 대학 포함) 6. 대학원(석사) 7. 대학원(박사)	→ 010. 교육 021. 예술 022. 인문학 030. 사회과학, 언론 및 정보학 040. 경영, 행정 및 법학 050. 자연과학, 수학 및 통계학 060. 정보통신기술 070. 공학, 제조 및 건설 080. 농림어업 및 수의학 091. 보건 092. 복지 100. 서비스	1. 졸 업 • 졸업년도 : [ ][ ][ ][ ] 년 2. 재 학 3. 중 퇴 4. 휴 학 5. 수 료	1. 미 혼 2. 유배우 3. 사 별 4. 이 혼

※ '지난주'는 '일요일~토요일'의 지난 1주를 말합니다.

II 일에 관한 사항

6 지난주에 수입을 목적으로 1시간 이상 일하였습니까?

1. 예 →(9번으로) 2. 아니오

7 지난주에, 함께 사는 가족의 사업체 또는 농장에서 보수를 받지 않고 1시간 이상 일하였습니까?

1. 예 →(9번으로) 2. 아니오

8 지난주에 일을 하지는 않았지만 직장(일)을 가지고 있었습니까?

1. 있었음 2. 없었음 →(23번으로)

8-1 지난주에 일을 하지 않은 이유는 무엇입니까?

① 일시적 병, 사고
② 휴가·연가
③ 교육·훈련
④ 육아
⑤ 가족적 이유
⑥ 노사분규
⑦ 사업부진·조업중단
(①~⑦) →(10번으로)
⑧ 기타( ) →(23번으로)

9 지난주에 주된 일 이외에 다른 일을 한 적이 있습니까?

1. 있었음 2. 없었음

10 평소 1주 동안 총 몇 시간 일합니까?

총 [ ][ ][ ] 시간
- ① 0 ~ 35시간 →(11번으로)
- ② 36시간 이상 →(12번으로)

[※ 총 시간은 '주된 일'과 '주된 일 이외에 다른 일'의 합계임]

11 평소 1주일에 36시간 미만 일하는 이유는 무엇입니까?

1. 정규근무시간이 36시간 미만
2. 건강
3. 육아
4. 가사
5. 통학
6. 본인이 원해서
7. 평소 일거리가 없어서
8. 기타( )

12 지난주에 실제 몇 시간 일하였습니까?

1. 주된 일 : [ ][ ][ ] 시간
2. 다른 일 : [ ][ ][ ] 시간
3. 총 계 : [ ][ ][ ] 시간
   - ① 1~17시간 무급가족종사자 →(23번으로)
   - ② 0 ~ 35시간 →(13번으로)
   - ③ 36시간 이상 →(17번으로)

13 지난주에 36시간 미만 일한 이유는 무엇입니까?

1. 평소 1주일에 36시간 미만 일함
2. 일시적 병, 사고
3. 날씨가 좋지 않아서
4. 휴가·연가, 공휴일
5. 교육·훈련
6. 육아
7. 가족적 이유
8. 노사분규
9. 일시적으로 일거리가 없어서
10. 사업부진·조업중단
11. 기타( )

14 지난주에 더 많은 시간 일하기를 원하였습니까?

1. 현재 하고 있는 일의 시간을 늘리고 싶음
2. 현재 하고 있는 일 이외에 다른 일도 하고 싶음
3. 더 많은 시간 일할 수 있는 일(직장)로 바꾸고 싶음
(1~3) →(15번으로)
4. 계속 그대로 일하고 싶음 →(17번으로)

15 지난주에, 일이 더 주어졌거나 더 많은 시간 일할 수 있는 다른 일(직장)이 주어졌다면 할 수 있었습니까?

1. 있었음 2. 없었음

16 지난 4주 동안, 더 많은 시간 일하기 위해 현재 하는 일을 더 찾아보거나 다른 일(직장)을 찾아본 적이 있습니까?

1. 있었음 2. 없었음

※ 17 ~ 22 번은 지난주의 '주된 일'을 기준으로 작성합니다.

17 지난주에 어디에서 일하였습니까?

◆ 사업체(직장)명 ____________ [ ][ ]

◆ 사업체(직장)가 주로 하는 일 ____________

18 지난주의 직장(사업체)의 종사자수는 얼마나 됩니까?

1. 1 ~ 4명
2. 5 ~ 9명
3. 10 ~ 29명
4. 30 ~ 99명
5. 100 ~ 299명
6. 300 ~ 499명
7. 500명 이상

19 지난주에 직장(사업체)에서 무슨 일을 하였습니까?

◆ 내가 한 일 ____________

◆ 직명(직위) ____________ [ ][ ]

20 지난주의 직장(일)에서의 지위는 무엇입니까?

◆ 임금근로자
1. 상용근로자
2. 임시근로자
3. 일용근로자
(1~3) →(21번으로)

◆ 비임금근로자
4. 고용원이 있는 자영업자
5. 고용원이 없는 자영업자
6. 무급가족종사자
(4~6) →(※질문끝)

21 지난주의 일(직장)은 언제부터 시작하였습니까?

□□□□ 년 □□ 월

22 지난주의 직장(일)에서 고용계약기간을 정하였습니까?

1. 정하였음　　2. 정하지 않았음(정년제 포함)

22-1 고용계약기간은 얼마입니까?

① 1개월 미만　④ 1년　⑦ 3년 초과
② 1개월 ~ 6개월 미만　⑤ 1년 초과 ~ 2년
③ 6개월 ~ 1년 미만　⑥ 2년 초과 ~ 3년

(※질문끝)

Ⅲ 구직에 관한 사항

23 지난 4주내에 직장(일)을 구해 보았습니까?

1. 구해 보았음　　2. 구해 보지 않았음 → (27번으로)

[※ 취업예정자(1개월 이내)는 '구해 보았음'에 해당함]

24 지난주에 직장(일)이 주어졌다면 일을 시작할 수 있었습니까?

1. 있었음　　2. 없었음 → (31번으로)

25 주로 어떤 방법과 경로로 직장(일)을 구해 보았습니까?
(주된 것 2가지까지 선택)

25-1 구직방법은 주로 무엇이었습니까? (　)(　)

1. 시험 접수, 시험 응시
2. 구직 등록, 구직 응모
3. 사업체에 문의, 방문, 원서제출
4. 자영업 준비
5. 친척, 친구, 동료에게 소개 부탁
6. 기타(　　　　)

25-2 주로 어떤 경로로 직장(일)을 알아보았습니까? (　)(　)

1. 공공 취업알선기관
2. 민간 취업알선기관
3. 대중매체(신문, 잡지, 광고 등)
4. 학교, 학원
5. 친척, 친구, 동료
6. 기타(　　　　)

26 직장(일)을 구하기 위해 구직활동을 얼마동안 계속 해왔습니까?

□□ 개 월

☞ (32번으로)

Ⅳ 기타 활동에 관한 사항

27 지난주에 직장(일)을 원하였습니까?

1. 원하였음　　2. 원하지 않았음 → (31번으로)

28 지난주에 직장(일)이 주어졌다면 일을 시작할 수 있었습니까?

1. 있었음　　2. 없었음

29 지난 4주내에 직장(일)을 구하지 않은 이유는 무엇입니까?

1. 전공이나 경력에 맞는 일거리가 없을 것 같아서
2. 원하는 임금수준이나 근로조건이 맞는 일거리가 없을 것 같아서
3. 근처(주변)에 일거리가 없을 것 같아서
4. 교육, 기술, 경험이 부족해서
5. 나이가 너무 어리거나 많다고 고용주가 생각할 것 같아서
6. 이전에 찾아 보았지만 일거리가 없었기 때문에
7. 육아
8. 가사　　10. 심신장애
9. 통학　　11. 기타(　　　　)

30 지난 1년 동안 구직활동을 해본 적이 있습니까?

1. 있었음　　2. 없었음

30-1 마지막으로 구직활동을 한 시기는 언제입니까?

2 0 1 □ 년 □□ 월

31 지난주에 주로 무엇을 하였습니까?

1. 육아　　7. 진학준비
2. 가사　　8. 연로
3. 정규교육기관 통학　　9. 심신장애
4. 입시학원 통학　　10. 군입대 대기
5. 취업을 위한 학원 · 기관 통학 (고시학원, 직업훈련기관 등)　　11. 쉬었음
6. 취업준비　　12. 기타(　　　　)

☞ (32번으로)

Ⅴ 이전 직장(일)에 관한 사항

32 전에 수입을 목적으로 일한 적이 있습니까?

1. 있었음　　2. 없었음 → (38번으로)

32-1 그 일을 그만둔 지는 얼마나 되었습니까?

① 1년 미만 → 그만 둔 시기 : 2 0 1 □ 년 □□ 월
② 1년 이상 → (38번으로)

33 이전 직장(일)을 그만둔 이유는 무엇입니까?

1. 개인 · 가족적 이유　　7. 직장의 휴업 · 폐업
2. 육아　　8. 명예 · 조기퇴직, 정리해고
3. 가사　　9. 임시 또는 계절적 일의 완료
4. 심신장애　　10. 일거리가 없어서 또는 사업부진
5. 정년퇴직, 연로　　11. 기타(　　　　)
6. 작업여건(시간·보수 등) 불만족

34 이전에 어디에서 일하였습니까?

◆ 사업체(직장)명 ________ □□

◆ 사업체(직장)가 주로 하는 일 ________

35 이전 직장(사업체)의 종사자수는 얼마나 되었습니까?

1. 1 ~ 4명　　4. 30 ~ 99명　　7. 500명 이상
2. 5 ~ 9명　　5. 100 ~ 299명
3. 10 ~ 29명　　6. 300 ~ 499명

36 이전 직장(사업체)에서 무슨 일을 하였습니까?

◆ 내가 한 일 ________

◆ 직명(직위) ________ □□

37 이전 직장(일)에서의 지위는 무엇이었습니까?

◆ 임금근로자　　◆ 비임금근로자
1. 상용근로자　　4. 고용원이 있는 자영업자
2. 임시근로자　　5. 고용원이 없는 자영업자
3. 일용근로자　　6. 무급가족종사자

☞ (38번으로)

Ⅵ 추가 무급가족일에 관한 사항

38 지난주에, 가족의 일을 보수를 받지 않고 1시간 이상 하였습니까?

1. 예　　2. 아니오 (※질문끝)

38-1 다음 중 어디에 해당합니까?
① 함께 사는 가족의 자영업 일
② 함께 사는 가족의 임금근로 일
③ 함께 살지 않는 가족의 자영업 일
④ 함께 살지 않는 가족의 임금근로 일

39 평소 1주 동안 총 몇 시간 일합니까?

총 [| |] 시간
① 0 ~ 35시간 → (40번으로)
② 36시간 이상 → (41번으로)

40 평소 1주일에 36시간 미만 일하는 이유는 무엇입니까?

1. 정규근무시간이 36시간 미만
2. 건강
3. 육아
4. 가사
5. 통학
6. 본인이 원해서
7. 평소 일거리가 없어서
8. 기타(　　　　)

41 지난주에 실제 총 몇 시간 일하였습니까?

총 [| |] 시간
① 1 ~ 35시간 → (42번으로)
② 36시간 이상 → (46번으로)

42 지난주에 36시간 미만 일한 이유는 무엇입니까?

1. 평소 1주일에 36시간 미만 일함
2. 일시적 병, 사고
3. 날씨가 좋지 않아서
4. 휴가 · 연가, 공휴일
5. 교육 · 훈련
6. 육아
7. 가족적 이유
8. 노사분규
9. 일시적으로 일거리가 없어서
10. 사업부진 · 조업중단
11. 기타(　　　　)

43 지난주에 더 많은 시간 일하기를 원하였습니까?

1. 현재 하고 있는 일의 시간을 늘리고 싶음
2. 현재 하고 있는 일 이외에 다른 일도 하고 싶음
3. 더 많은 시간 일할 수 있는 일(직장)로 바꾸고 싶음

→ (44번으로)

4. 계속 그대로 일하고 싶음 → (46번으로)

44 지난주에, 일이 더 주어졌거나 더 많은 시간 일할 수 있는 다른 일(직장)이 주어졌다면 할 수 있었습니까?

1. 있었음　　2. 없었음

45 지난 4주 동안, 더 많은 시간 일하기 위해 현재 하는 일을 더 찾아보거나 다른 일(직장)을 찾아본 적이 있습니까?

1. 있었음　　2. 없었음

46 지난주에 어디에서 일하였습니까?

[※ 가족의 사업체 또는 가족이 소속되어 있는 사업체(직장)를 기준으로 기입]

◆ 사업체(직장)명 ______________ [|]

◆ 사업체(직장)가 주로 하는 일 ______________

47 지난주의 직장(사업체)의 종사자수는 얼마나 됩니까?

1. 1 ~ 4명
2. 5 ~ 9명
3. 10 ~ 29명
4. 30 ~ 99명
5. 100 ~ 299명
6. 300 ~ 499명
7. 500명 이상

48 지난주에 직장(사업체)에서 무슨 일을 하였습니까?

◆ 내가 한 일 ______________

◆ 직명(직위) ______________ [|]

(※질문끝)

귀중한 시간을 내어 조사에 협조하여 주셔서 대단히 감사합니다.

http://kostat.go.kr

경제활동인구조사 근로형태별 부가조사표 (2018년 8월)

조사구 번호	구역 및 거처번호	가구번호	가구원관리번호
—			

이 조사는 임금근로자의 취업실태 등을 보다 세부적으로 파악하여 해당분야의 고용정책수립 및 지원을 위한 기초자료로 활용됩니다.
※ 취업자 중 임금근로자에 대해서만 작성합니다.

51 (근로기간을 정했다면) 지난 주 일자리의 현재 계약(기간)은 반복 · 갱신된 것입니까?

1. 예
2. 아니오(최초 계약기간 내인 경우만 해당)

](☞ 53 번으로)

52 (근로기간을 정하지 않았다면) 지난 주 일자리는 일거리가 생겼을 경우 며칠 또는 몇 주씩 일하는 형태입니까? (예 : 건설일용근로자, 파출부, 간병인 등)

1. 예 (☞ 54 번으로)   2. 아니오

53 회사가 아주 어려워져서 폐업 또는 고용조정을 하거나 귀하가 특별히 잘못을 하지 않는다면, 귀하가 원하는 한 계속 그 직장에 다닐 수 있습니까?

1. 예

53-1 '예'(계속 다닐 수 있음)로 답한 이유는 무엇입니까?

① 근로기간을 정하지 않은 계약을 하였으므로
② 계약의 반복 · 갱신으로 고용이 지속되고 있으므로
③ 묵시적인 고용관행(정년 등)에 의해

](☞ 54 번으로)

2. 아니오

53-2 지난 주의 직장(일)에서 앞으로 얼마나 더 일할 수 있을 것으로 기대하십니까?

① 1년 이하 (□□ 개월)
② 1년 초과~2년 이하
③ 2년 초과

53-3 위 문항(53-2번)과 같이 답한 주된 이유는 무엇입니까?

① 이미 정해진 고용계약기간이 만료되기 때문에
② 묵시적 · 관행적으로 계약이 종료될 것이기 때문에
③ 사업주가 그만두라면 언제든지 그만둔다는 조건(임시직 등)으로 채용되었으므로
④ 현재 하는 업무(프로젝트)가 끝나기 때문에
⑤ 현재의 일자리에서 전에 일하던 사람이 복귀하기 때문에
⑥ 특정 계절 동안만 일할 수 있기 때문에
⑦ 적성 · 근로조건 · 능력 등의 이유로 다른 일자리를 찾을 예정이므로
⑧ 규정 · 관행상 퇴직하는 연령에 도달하기 때문에
⑨ 학업 · 가족부양 · 건강 등의 이유로
⑩ 직장의 경영상 이유 때문에
⑪ 기타 (   )

54 지난 주의 주된 직장(일)의 취업형태는 어떤 형태로 정해진 것입니까?

1. 전일제 근로 (☞ 54-2 번으로)
2. 시간제 근로

54-1 시간제 근로로 정해진 이유가 '전일제 일자리를 구할 수 없어서' 입니까?

① 예   ② 아니오

54-2 주된 직장(일)의 평소 근로시간은 몇 시간으로 정해진 것입니까?

평소 1주 □□ 시간

55 임금(급여)을 지난 주 일한 직장에서 받았습니까? 아니면 파견업체 또는 용역업체로부터 받았습니까?

1. 지난 주 일한 곳 (☞ 57 번으로)
2. 파견업체
3. 용역업체

56 지난 주에 근무한 사업체(사업장)는 어디였습니까? (※ 소속 사업체가 아닌 실제로 일한 곳(사업체)을 기준으로 작성)

◆ 사업체명 ____________________

◆ 사업체의 주된 활동 ____________________ □□

57 지난 주에 다니던 직장(일)은 개인적으로 고객을 찾거나 맞이하여 상품이나 서비스를 제공하고 그 일한 만큼(실적에 따라) 소득을 얻는 형태에 해당됩니까? (예: 보험설계사, 학습지교사, 퀵서비스 배달기사, 골프장 경기보조원, 대리운전기사, 택배기사, 신용카드모집인, 대출모집인 등)

1. 예   2. 아니오

58 지난 주에 주로 어디에서 일하셨습니까?

1. 가정에서 (※ 파출부, 입주 보모, 입주 가정교사 등은 2에 해당)
2. 사업장 내 또는 사무실 이외의 지정된 장소에서

59 지난 주의 일자리 형태로 일하게 된 것이 자발적인 사유에 의한 것입니까? 아니면 비자발적인 사유에 의한 것입니까?

(※ 일자리 형태는 정규직, 기간제, 시간제, 파견, 용역, 특수형태, 일일근로와 같은 근로 형태를 말함)

1. 자발적인 사유　　2. 비자발적인 사유

59-1 위 문항(59번)과 같이 답한 주된 이유는 무엇입니까?

(①~⑪ 중 하나만 선택)

- 자발적 사유

① 근로조건(근로시간, 임금 등)에 만족하여
② 안정적인 일자리이기 때문에

- 비자발적 사유

③ 생활비 등 당장 수입이 필요해서
④ 원하는 분야의 일자리가 없어서
⑤ 전공이나 경력에 맞는 일자리가 없어서

- 자발적 또는 비자발적 사유

⑥ 경력을 쌓아 다음 직장으로 이동하기 위하여
⑦ 육아 · 가사 등을 병행하기 위하여
⑧ 학업 · 학원수강 · 직업훈련 · 취업준비 등을 병행하기 위하여
⑨ 노력한 만큼 수입을 얻을 수 있어서
⑩ 근무시간을 신축적으로 조절할 수 있어서
⑪ 기타 (　　　　　　)

60 지난 주에 다음의 사회보험에 가입되어 있었습니까?

- 국민연금 또는 특수직역연금

→

111. 직장가입자	112. 지역가입자
12. 아니오(수급권자 포함)	

- 건강보험

→

211. 직장가입자	212. 지역가입자
213. 의료수급권자	214. 직장가입피부양자
22. 아니오	

- 고용보험

(☞ 단, 공무원, 사립학교 교직원, 별정우체국 직원은 제외 **61** 번으로)

→

31. 예
32. 아니오

61 지난 주의 직장에서 다음의 혜택을 받을 수 있습니까?

• 퇴직급여	퇴직금	→ 11. 예	12. 아니오
	퇴직연금	→ 13. 예	14. 아니오
• 상여금(명절비, 휴가비, 선물 등 포함)		→ 21. 예	22. 아니오
• 시간외 수당		→ 31. 예	32. 아니오
• 유급휴일 · 휴가(연차, 유급출산휴가 등)		→ 41. 예	42. 아니오

62 지난 주의 직장에서 노동조합에 가입되어 있습니까?

1. 노동조합이 없음
2. 노동조합이 있으나 가입대상이 아님
3. 노동조합이 있고 가입대상이나 가입하지 않았음
4. 노동조합에 가입하였음

63 지난 주의 직장에서 지난 1년간 직업능력개발을 위한 교육 · 훈련을 받은 경험이 있습니까?

1. 예　　2. 아니오

64 귀하에게 적용되고 있는 임금 형태는 무엇입니까?

1. 시급제

→ **64-1** 시간당 임금 또는 보수는 얼마입니까?

시간당 [| | | | |] 원

2. 일급제　3. 주급제　4. 월급제
5. 연봉제　6. 실적급제　7. 기타

65 최근 3개월간 주된 직장(일)에서 받은 (세금 공제 전) 월평균 임금 또는 보수는 얼마였습니까?

(세금 공제 전) 월평균 [| | |] 만원

66 고용될 때 서면(전자)으로 근로계약서를 작성하였습니까?

1. 예　　2. 아니오

67 지난 주의 직장(일)에서 유연근무제를 활용하고 있습니까?

◆ 1. 예

→ **67-1** (복수응답가능) 어떤 형태의 유연근무제를 활용하고 있습니까?(　　),(　　)

① 근로시간단축근무제
② 시차출퇴근제
③ 선택적 근무시간제
④ 재택 및 원격근무제
⑤ 탄력적 근무제
⑥ 기타 유형(재량근무 등)　(※ 질문 끝)

◆ 2. 아니오

→ **67-2** (복수응답가능) 향후 유연근무제를 활용한다면 어떤 형태의 유연근무제를 활용하고 싶습니까?
(　　),(　　)

① 근로시간단축근무제
② 시차출퇴근제
③ 선택적 근무시간제
④ 재택 및 원격근무제
⑤ 탄력적 근무제
⑥ 기타 유형(재량근무 등)
⑦ 활용하고 싶지 않음　(※ 질문 끝)

귀중한 시간을 내어 조사에 협조하여 주셔서 대단히 감사합니다.

부록B • 비정규직 근로자의 의미

우리나라에서 비정규직 근로자는 1997년의 외환위기 이후 급증하기 시작하였다. 이들을 위한 정책개선의 필요성은 2002년의 노사정 합의에 따른 것이다. 비정규직 근로자에는 한시적 근로자와 시간제 근로자, 그리고 비전형 근로자들이 포함된다.

한시적 근로자는 근로계약기간을 정해 놓은 기간제 근로자와 계약기간이 정해져 있는 것은 아니지만 고용계약을 반복적으로 갱신(반복 갱신에 의한 비기간제 한시 근로자)한다거나 비자발적 사유(계약 만료, 이전 근무자 복귀, 계절 근무 등)에 따라 계속해서 근무할 수 없는 근로자를 일컫는다. 시간제 근로자는 정규직 근로자의 근로시간보다 더 짧은 시간 동안만 일하도록 정해져 있는 근로자를 일컫는다. 그리고 비전형 근로자는 파견, 용역, 특수형태, 가정내 근로, 혹은 일일 근로의 형태로 근무하는 근로자를 일컫는다. 비전형 근로자의 근무 개념은 다음과 같다.

파견	임금을 지급하고 고용관계가 유지되는 고용주와 업무지시를 하는 사용자가 일치하지 않는 경우로 파견 사업주가 근로자를 고용한 후 그 고용관계를 유지하면서 근로자 파견계약의 내용에 따라 사용 사업주의 사업장에서 지휘, 명령을 받아 사용 사업주를 위하여 근무하는 형태
용역	용역업체에 고용되어 이 업체의 지휘 하에 이 업체와 용역계약을 맺은 다른 업체에서 근무하는 형태 (예: 청소용역, 경비용역업체 등에 근무하는 자)
특수형태	독자적인 사무실, 점포 또는 작업장을 보유하지 않았으면서 비독립적인 형태로 업무를 수행하면서도, 다만 근로제공의 방법, 근로시간 등은 독자적으로 결정하면서, 개인적으로 모집·판매·배달·운송 등의 업무를 통해 고객을 찾거나 맞이하여 상품이나 서비스를 제공하고 그 일을 한만큼 소득을 얻는 근무형태 (예: 학습지교사, 보험설계사, 골프장 캐디)
가정내 근로	재택근무, 가내하청 등과 같이 사업체에 마련해 준 공동 작업장이 아닌 가정내에서 근무(작업)가 이루어지는 근무형태
일일 근로	근로계약을 정하지 않고, 일거리가 생겼을 경우 며칠 또는 몇 주씩 일하는 형태의 근로자

부록C • R 프로그램 코드

아래의 R 프로그램 코드는 8월의 근로형태별 경제활동인구조사자료에 있는 항목 125개를 모두 선택하고 항목명이 있는 CSV파일 형식으로 내려 받은 자료를 가공하는 방법이다. 마지막 줄의 명령문은 새로 생성된 고용임금통계자료를 'data.csv'라는 명칭의 CSV파일로 저장하라는 뜻이다.

```
mdis <- read.table(file.choose(), header=T, sep=",")

data <- subset(mdis, as.numeric(mdis$종사상지위)>=1 &
as.numeric(mdis$종사상지위)<=3); attach(data)

city <- 동..읍면부
sex <- 성별
edu <- 교육정도
married <- 혼인상태
age <- 만나이
worktime <- 총.실제.취업시간
ind <- 산업.10차.
size <- 종사자.규모
occ <- 직업.7차.
status <- 종사상지위
fulltime <- 근로시간.형태
union <- 노동조합.가입여부
train <- 교육훈련.경험.여부
paytype <- 임금형태
income <- 최근.3개월간.임금

x1 = (고용계약기간.여부 == 1 | 고용계약기간.여부 == 2 & 계속근로가능여부 == 2
& as.numeric(근속기간.제한이유) <= 6 | 고용계약기간.여부 == 2 &
계속근로가능여부.이유. == 2)
x2 = (급여받은.곳==2 | 급여받은.곳==3 | 특수고용여부==1 | 단기근로.기간.형태==1
| 가정내근로여부==1)
x3 = (근로시간.형태==2)
```

```
regular = (x1==1 | x2==1 | x3==1) + 1

d <- data.frame(city, sex, edu, married, age, worktime, ind, size, occ, status, fulltime,
union, train, paytype, income, regular)
write.csv(d,'data.csv', row.names=F)
```

Chapter 3

경제자료의 유형

제1절 스프레드시트

하나 또는 그 이상의 변수들이 실현된 값들을 모아 놓은 경제자료는 스프레드시트(spreadsheet) 파일 형식으로 저장되어 있다. 스프레드시트의 각 셀(cell)은 특정 변수가 실현된 값을 나타낸다. 참고로 아래의 그림은 k개의 변수들이 n번에 거쳐 관찰된 $(n \times k)$의 테이블 형태로 도식화된 스프레드시트를 보여준다. 그리고 이 그림에서 x_{ij}는 i번째($i=1, \cdots, n$) 개체(identity) 또는 개인(individual)에 대한 j번째($j=1, \cdots, k$) 변수가 실현된 값을 나타낸다.

n=관찰치의 수, k=변수의 수

	변수 1	⋯	변수 j	⋯	변수 k
관찰치 1	x_{11}	⋯	x_{1j}	⋯	x_{1k}
⋮	⋮	⋮	⋮	⋮	⋮
관찰치 i	x_{i1}	⋯	x_{ij}	⋯	x_{ik}
⋮	⋮	⋮	⋮	⋮	⋮
관찰치 n	x_{n1}	⋯	x_{nj}	⋯	x_{nk}

이 스프레드시트는 각 변수가 실현된 시점이 모든 개체들에 대해 동일하거나 그 시점에 별다른 의미가 없는 횡단면 자료(cross-sectional data)다. 한편, 각 변수가 실현된 시점이 중요한 자료를 일컬어 시계열 자료(time series data)라 하는데, 이 경우에도 위와 같은 스프레드시트의 형태로 저장된다. 다만, 통상적으로

는 변수의 값이 관찰된 시점을 표현하는 인덱스로 t를 많이 사용하기 때문에, 시계열 자료의 j번째 변수가 t시점에 관찰된 값 x_{tj}를 스프레드시트에 저장한다.

각 개체의 변수가 실현된 값이 여러 시점에 거쳐 관찰된 **패널 자료(panel data)** 또는 **종단 자료(longitudinal data)**의 경우도 위와 같은 2차원의 테이블 형태로 저장할 수 있다. 즉, 패널 자료에서 $(i \times t)$번째 행과 j번째 열에 위치한 셀에 저장된 값 $x_{it,j}$는 i번째 개체에 대한 j번째 변수가 t시점에 관찰된 값이다.

예 3.1

2018년의 고용임금통계자료인 Data2018은 25,543명의 임금근로자에 대한 17가지 속성을 기록한 횡단면 자료이며, 25,543$(=n)$개의 행과 17$(=k)$개의 열로 이루어져 있는 스프레드시트 파일로 저장되어 있다.

	city	*sex*	*edu*	…	*income*	*regular*
1	1	1	0	…	27	2
2	1	1	2	…	15	2
3	1	1	1	…	27	2
4	1	1	1	…	50	1
…	…	…	…	…	…	…
25540	2	2	3	…	220	2
25541	2	2	3	…	170	2
25542	2	2	3	…	170	2
25543	2	2	3	…	170	2

참고로 이 스프레드시트에서 첫 번째 열의 네 번째 행에 있는 숫자 $1(=x_{4,1})$은 첫 번째의 변수 "*city*"가 네 번째로 관찰된 값이다. 즉, Data2018에 있는 네 번째 근로자의 거주지역을 나타낸다. ■■■

제2절 변수의 유형

대개의 스프레드시트에서 관찰치의 수 n은 매우 큰 숫자다. 이러할 경우 변수의 분포를 한눈에 파악하는 것은 결코 쉬운 일이 아니므로, 각 변수들의 분포 특성을 수월하게 파악할 수 있도록 도표나 수식의 형태로 요약·정리하는 기술통계학이 필요하다.

자료를 기술할 때 가장 먼저 할 것은 정리하고자 하는 변수가 어떤 유형에 속하는 것인지를 확인하는 것이다. 변수의 유형에 따라 분포를 정리하는 방법에 차이가 있을 수 있기 때문이다. 변수의 유형은 정량적 변수(quantitative variable)와 정성적 변수(qualitative variable)로 구분된다.

정량적 변수는 길이와 시간 등의 구간(interval)이나 비율(ratio)을 측정한 것으로 그 값의 크기 또는 양(量)에 의미를 둘 수 있다. 예컨대, Data2018의 "*income*"은 만원 미만의 값을 반올림하여 금액의 크기를 만원 단위로 측정한 정량적 변수다. 엄밀하게 보면 이 변수는 이산변수(discrete variable)에 해당하지만, 638가지의 매우 다양한 값으로 실현되므로 연속변수(continuous variable)라 하더라도 무방하다.

정성적 변수는 두 가지 이상의 범주(category) 중 어느 하나의 값으로 실현되는 변수로, 범주형 변수(categorical variable)라 불리우기도 한다. 대부분의 정성적 변수는 범주의 개수가 유한한 이산변수다. 예컨대, Data2018에서 "*sex*"는 1 또는 2의 두 가지 범주를 갖는 정성적 변수다. 여기에서 1과 2는 남성과 여성이라는 두 개의 범주를 구분할 목적으로 사용된 숫자에 불과하며 숫자의 크기는 아무런 의미가 없다. 이처럼 여러 범주들을 구분할 목적으로 숫자를 사용하였지만 숫자의 크기에 아무런 의미가 없는 정성적 변수를 명목변수(nominal variable)라 한다. 숫자 대신 문자를 사용하여 범주를 구분할 수도 있다. 참고로 Data2018의 "*ind*"는 근로자의 직장이 속해 있는 산업을 한국표준산업분류에 의거하여 21개의 알파벳 문자로 구분한 명목변수다. 한편, 서수변수(ordinal variable)는 범주의 순서를 정할 수 있고 정해진 순서가 중요한 정성적 변수다. 예컨대, Data2018의 "*edu*"는 근로자의 교육수준을 0부터 7까지의 순서에 따라 8개의 범주로 구분한 정성적 변수인데, 그 값이 크다는 것은 그만큼 교육기간이 더 많다는 것을 의미한다. 따라서, "*edu*"는 숫자의 크기에 의미를 부여할 수 있는 서수변수다. 즉, "*edu*"가 3인 고졸학력 근로자의 교육기간은 "*edu*"가 2인 중졸 근로자에 비해 더 길지만 5인 대졸 근로자에 비하면 더 짧다. 그렇지만 '대졸(5) = 고졸(3) + 중졸(2)'과 같은 사칙연산이 적용될 수 없다는 점에서 정량적 변수와는 차이가 있다.

정의 정량적 변수와 정성적 변수

자료에 있는 변수는 정량적이거나 정성적이다. 구간이나 비율을 측정한 정량적 변수는 크기 또는 양에 의미가 있고 사칙연산이 자연스럽게 적용된다. 정성적 변수 또는 범주형 변수는 두 가지 이상의 범주 중 어떤 범주에 해당하는지를 나타낸다. 정성적 변수 중에서 범주의 크기 순서가 없는 것을 명목변수, 범주의 순서를 정할 수 있고 정해진 순서가 중요한 정성적 변수를 서수변수라 한다.

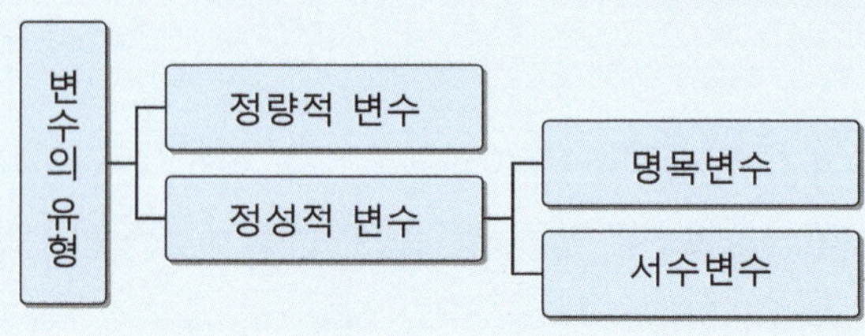

예 3.2

Data2018에서 정량적 변수는 "*worktime*", "*age*", "*income*" 등 3개이고, 나머지 13개는 정성적 변수다. 정성적 변수 중, "*edu*"와 "*size*"는 서수변수이고 나머지 11개의 변수는 명목변수다. ■■■

| 참고 |

(1) 정량적 변수를 사용하여 새로운 정성적 변수를 생성할 수 있다. 예컨대, Data2018에서 "*age*"를 사용하여 청년($age<30$), 중년($30\leq age<60$), 노년($age\geq 60$)의 세 가지 범주를 갖는 정성적 변수를 생성할 수 있다. 이에 반해 정성적 변수를 정량화하는 것은 일반적으로 불가능하다. 그러나 다음 사례는 자주 사용되는 편이다.

(사례) 근로자의 교육기간은 그 근로자의 급여를 분석할 때 매우 중요하게 사용된다. 그러나 고용임금통계자료에는 정량적 변수인 이 변수가 없으므로 서수변수인 "*edu*"를 정량화하여 사용하는 경우가 많다. 대개의 경우 정량화 작업은 다음의 표에서와 같이 이루어진다.

구분	*edu*	⇒	*edu_c*
무학	0	⇒	4
초등학교	1	⇒	6
중학교	2	⇒	9
고등학교	3	⇒	12
전문대(초급대, 2·3년제 대학 포함)	4	⇒	14
대학교(4년제 대학 포함)	5	⇒	16
대학원(석사)	6	⇒	18
대학원(박사)	7	⇒	21

물론 근로자의 교육수준 "*edu*"를 정량화시킨 "*edu_c*"는 근로자의 실제 교육기간과 다를 수 있다. 예컨대, 위의 표에서 무학인 근로자의 "*edu_c*"는 4로 정의되어 있지만, 이 값은 해당 근로자의 실제 교육기간과 다를 수 있다.

(2) 두 가지 값만 갖는 정성적 변수를 이진변수(binary variable, dichotomous variable)라 한다. Data2018에 있는 "*sex*"는 1 또는 2의 값을 갖는 이진변수다. 물론 숫자로 구분하는 대신, 두 이진변수의 값을 "남성 또는 여성"과 같이 문자의 형태로 구분할 수도 있다. 이진변수의 두 범주는 0 또는 1의 숫자로 구분될 수 있는데, 이는 베르누이(Bernoulli) 시행[1]에서 "성공"을 1, "실패"

1 베르누이 시행에 대해서는 제7장에서 다시 논의될 예정이다.

를 0으로 기록하는 전통에 따른 것이다. 세 개 이상의 범주가 있는 정성적 변수 혹은 정량적 변수로부터 새로운 이진변수(베르누이 변수)를 생성할 수도 있다. 예컨대, Data2018에서 "*edu*"가 값이 3 이하이면 0의 값을 갖고 3보다 큰 경우에는 1의 값을 갖는 새로운 베르누이 변수를 생성할 수 있다. 한편, 회귀분석에서는 베르누이 변수를 일컬어 가변수(假變數) 또는 더미변수(dummy variable)라 한다.

PART

02 경제자료의 기술

Chapter 4 개별 변수의 기술

Chapter 5 변수 간의 관계에 대한 기술

Chapter

4

개별 변수의 기술

제1절 정성적 변수의 기술

도수분포표는 정성적 변수의 각 범주에 해당하는 관찰치의 수를 정리한 표다. 그리고 이와 마찬가지로 각 범주의 비중에 관한 상대도수를 상대도수분포표로 정리할 수 있다. 예컨대, Data2018에서 근로자의 종사상 지위("*status*")에 관한 도수와 상대도수를 도표로 정리하면 〈표 4.1〉과 같다.

표 4.1 근로자의 종사상 지위에 관한 도수 및 상대도수 분포표

범 주	도 수	상대도수
상용근로자(=1)	17,040	0.667
임시근로자(=2)	6,564	0.257
일용근로자(=3)	1,939	0.076
합계	25,543	1.000

막대그래프(bar graph or bar chart)는 정성적 변수의 각 범주에 해당하는 도수나 상대도수를 막대의 길이로 나타내는 그림이다. 상대도수 분포를 시각화할 경우에는 막대그래프 대신 파이차트(pie chart)를 사용하기도 한다. 참고로 [그림 4.1]은 〈표 4.1〉에 정리된 상대도수 분포를 막대그래프와 파이차트로 도식화한 그림이다.

서수변수의 경우에도 명목변수와 마찬가지로 각 범주의 도수나 상대도수의 분포를 도표로 정리할 수 있다. 그런데 서수변수는 누적도수 또는 누적상대도수

그림 4.1 근로자의 종사상 지위의 분포에 관한 막대그래프와 파이차트

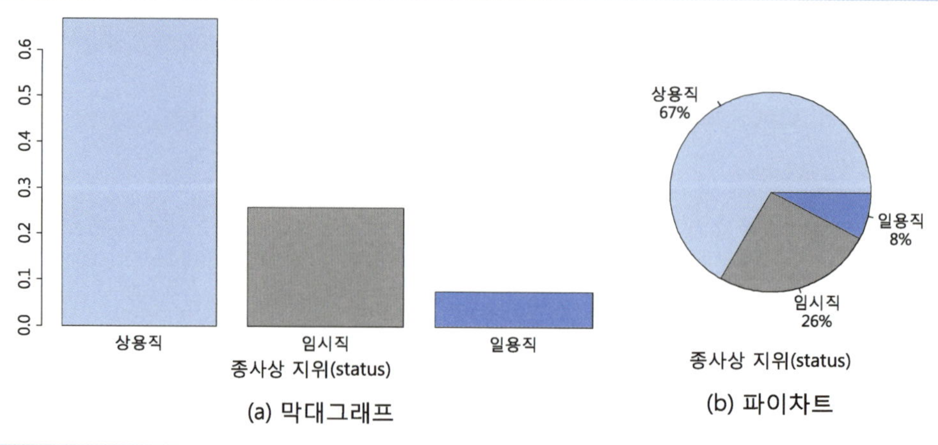

(a) 막대그래프

(b) 파이차트

표 4.2 근로자의 학력에 관한 상대도수와 누적상대도수

범 주	상대도수	누적상대도수
무학(=0)	0.013	0.013
초등학교(=1)	0.060	0.073
중학교(=2)	0.078	0.150
고등학교(=3)	0.322	0.473
전문대(=4)	0.153	0.625
대학교(=5)	0.316	0.941
대학원(석사)(=6)	0.047	0.988
대학원(박사)(=7)	0.012	1.000

에 의미를 부여할 수 있다는 점에서 명목변수와 차이가 있다. 참고로 Data2018에 있는 서수변수 "*edu*"의 상대도수와 누적상대도수를 정리한 〈표 4.2〉에서 고졸학력 이하의 근로자 비중 0.473은 "*edu*"가 3 이하에 해당하는 4개의 상대도수를 모두 누적시킨 값이다.

$$0.473 = 0.013 + 0.060 + 0.078 + 0.322$$

제2절 정량적 변수의 기술

제1항 히스토그램

Data2018의 “*income*”은 25,543명의 근로자의 월급여를 만원 단위로 측정한 정량적 변수이며 그 값은 무려 638가지나 된다. 이처럼 다양한 값을 갖는 정량적 변수의 분포를 정성적 변수와 동일한 방식으로 시각화하는 것은 적절하지 않다. 그렇지만 이 변수의 전체 범위를 몇 개의 소구간으로 분할하고 각 소구간의 도수나 상대도수의 분포를 시각화하는 방법은 생각해 볼 수 있다. 예컨대, 〈표 4.3〉과 같이 “*income*”의 전체 범위를 크기가 동일한 15개의 소구간으로 분할하고 각 소구간의 도수나 상대도수를 계산할 수 있고, 막대그래프와 유사한 그림으로 도수분포나 상대도수분포를 시각화할 수 있다.

표 4.3 15개의 소구간으로 분할한 정량적 변수 “*income*”의 도수 및 상대도수

	구간 1	구간 2	…	구간 15
소구간의 범위	1~200.93	200.93~400.87	…	2800.07~3000
도수	12,954	9,284	…	3
상대도수	0.507	0.376	…	0.0001

[그림 4.2]에서 막대의 높이는 소구간의 상대도수를 나타내고 막대의 너비는 소구간의 범위를 나타낸다. 참고로 최소값이 1만원이고 최대값이 3천만원인 “*income*”의 전체 범위를 15개의 소구간으로 분할하기 위한 각 소구간의 범위는 199.93만원이다.

$$(3000-1) \div 15 \approx 199.93$$

[그림 4.2]는 소구간의 범위를 막대의 너비에 반영한다는 점에서 앞 절의 막대그래프와 다르다. 즉, 이 그림은 세로 축에 각 소구간의 상대도수를 나타낸다는 것 이외에도 가로 축에 해당 소구간의 범위를 표시한다는 점에서 정성적 변수

그림 4.2 월급여의 히스토그램 (계급구간의 수 = 15)

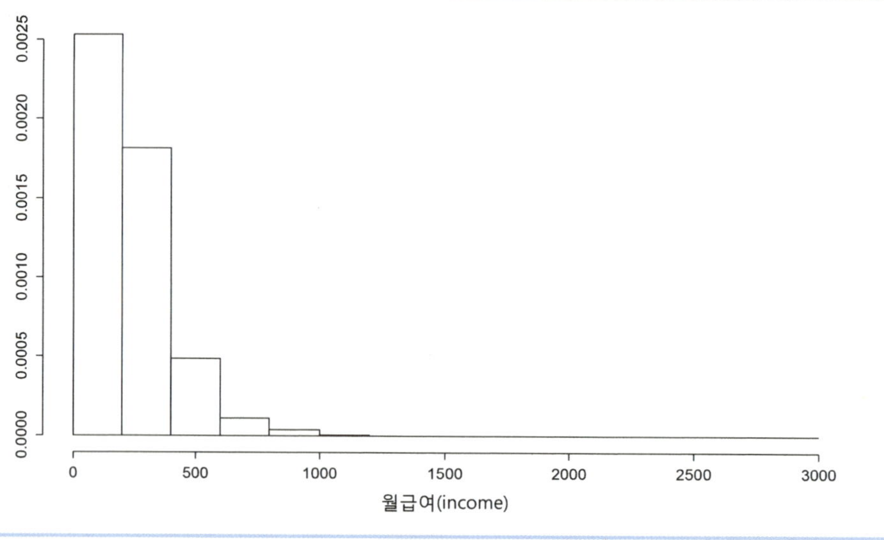

에 사용되는 막대그래프와 차이가 있다.

이처럼 정량적 변수의 전체 범위를 여러 개의 소구간으로 분할하고, 각 소구간의 상대도수와 크기를 막대로 시각화한 그림을 **히스토그램(histogram)**이라 한다. 그리고 히스토그램의 소구간을 **계급구간(bin)**이라 한다. 상대도수 대신 도수를 사용하여 히스토그램을 도출할 수도 있을 것이다. [그림 4.2]와 같이 계급구간의 크기가 일정한 히스토그램이 일반적으로 사용된다. 그러나 계급구간의 크기가 반드시 일정해야만 하는 것은 아니다.

히스토그램을 도출할 때 적절한 수의 계급구간을 정하는 것은 매우 중요하다. [그림 4.2]에서 계급구간의 수는 15개다. 그런데 이 히스토그램으로 "*income*"의 분포를 파악하는 것은 쉽지 않다. 이는 계급구간의 수를 15개로 정한 것이 결과적으로 부적절하기 때문이다. 이에 따라 계급구간의 수를 정할 때 사용하는 가이드라인으로 Sturges의 공식을 생각해 볼 수 있다.

정의 Sturges의 공식

히스토그램의 계급구간의 수를 '$1+\log_2(n)$'에 가까운 정수 값으로 정할 수 있다. 여기에서 n은 관찰치의 크기를 나타낸다.

Data2018에서 "*income*"의 관찰치는 25,543개다. 따라서 Sturges의 공식을 적용한 계급구간의 수는 15개 내지 16개다.

$$1+\log_2(25543)\approx 15.64$$

결국, [그림 4.2]의 히스토그램은 Sturges의 공식을 적용한 결과인 것이다. 그렇지만 앞에서도 보았듯이 이 히스토그램이 "*income*"의 분포를 적절히 시각화하는 것은 아니다.

그렇다면 Sturges의 공식이 무엇 때문에 부적절했던 것일까? 원래 Sturges의 공식은 종모양의 히스토그램을 염두에 두고 도출된 것이다. 특히 대부분의 관찰치들과 동떨어져 있는 특이값(extreme value, outlier)들이 있는 경우에는 이 공식이 부적절하다. Data2018에는 월급여가 1천만원을 초과하는 근로자 54명이 포함되어 있다. 그리고 이들이 차지하는 비중은 0.2% 정도에 불과하다. 이들로 인하여 [그림 4.2]의 히스토그램에서 계급구간의 수가 너무 작게 정해졌던 것이다. 즉, 이들을 제외하고 Sturges의 공식을 적용하면 15~16개의 계급구간이 적절한데, [그림 4.2]에는 1천만원 이하의 범위에 5개의 계급구간만 있기 때문에 "*income*"의 분포를 적절하게 시각화하지 못했다는 것이다. 만일 1천만원 이하의 범위에 15개의 계급구간을 확보하려면, 3천만원까지의 전체 범위에서는 45개의 계급구간이 필요하다. 참고로 [그림 4.3]은 계급구간의 수를 45개로 정하고 도출한 히스토그램이다. 예상했던 대로 이 그림은 [그림 4.2]의 히스토그램과 비교하여 1천만원 이하의 범위에서 "*income*"의 분포를 더 상세하게 시각화한다.

그림 4.3 월급여의 히스토그램 (계급구간의 수 = 45)

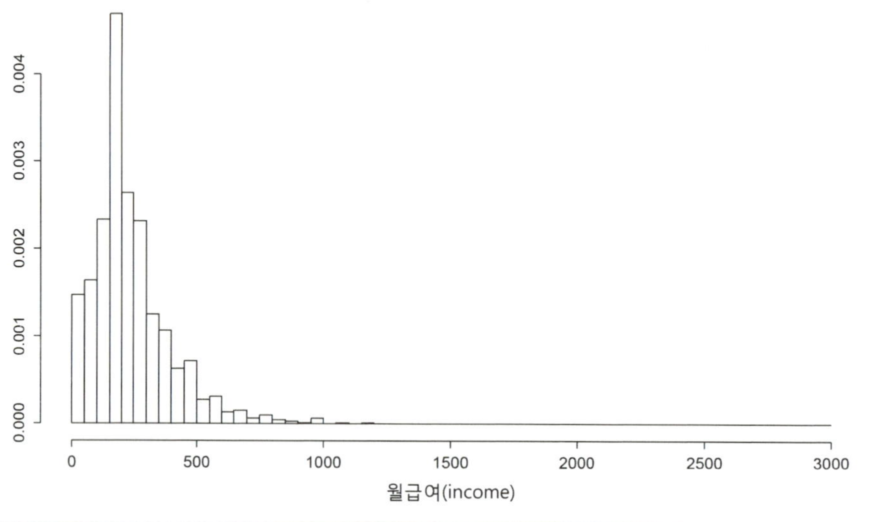

[그림 4.3]의 히스토그램은 하나의 높은 봉우리가 있는 단봉(unimodal)의 형태다. 그리고 이 봉우리의 주변에 분포의 중심이 위치해 있는 것을 짐작할 수 있다. 그리고 이 그림은 "*income*"의 분포가 우측으로 뚜렷하게 기울어져 있는 것을 보여준다. 특히 1천만원 이하의 범위로 국한해 보더라도 분포가 우측으로 기울어져 있다는 것을 볼 수 있다.

크기가 같은 계급구간을 사용하여 히스토그램을 도출할 경우, 계급구간의 수를 정하면 계급구간의 크기는 자동으로 결정된다.

$$\text{계급구간의 크기} = (\text{최대값} - \text{최소값}) \div \text{계급구간의 수}$$

예컨대, [그림 4.3]의 히스토그램에서 계급구간의 크기는 대략 66.64만원이다.

$$(3000 - 1) \div 45 \approx 66.64$$

히스토그램 이외에도 상자그림(Box Plot)을 사용하여 정량적 변수의 분포를 시각화할 수 있다. 그렇지만 상자그림에 대한 논의는 정량적 변수의 위치척도와 변동성 척도를 먼저 설명한 이후로 미루는 것이 편리하다.

제2항 정량적 변수의 위치척도

히스토그램은 정량적 변수의 분포를 시각적으로 기술하는 매우 유용한 방법이다. 그렇지만 [그림 4.3]에서도 확인할 수 있었듯이 히스토그램만으로는 분포의 중심이 어디에 위치해 있고, 얼마나 많은 관찰치들이 중심 주변에 밀집되어 있으며, 분포의 비대칭 정도가 어느 정도인지 등등을 정확히 기술할 수 없다. 이에 따라 숫자를 사용하여 분포의 형태를 기술하는 여러 종류의 수치척도(numerical measures)들이 사용된다. 먼저 분포의 위치를 숫자로 기술하는 위치척도(measures of location)에 대해 살펴보기로 하자. 편의상, 분포를 기술하려는 정량적 변수를 x라 하고, n개의 관찰치가 있다고 가정하자.

$$\{x_1,\ x_2,\ \cdots,\ x_n\} = \{x_i :\ i = 1,\ \cdots,\ n\}$$

산술평균(arithmetic mean)은 자료의 중심위치를 측정하는 척도다. 이 값은 자료에 있는 모든 관찰치들을 합하고 자료의 크기로 나눈 값이다. 이외에도 기하평균과 조화평균 등 여러 종류의 평균이 있지만, 일반적으로는 산술평균을 줄여서 평균이라 한다.

정의 산술평균

$$\bar{x} = \frac{1}{n}\sum_{i=1}^{n} x_i = \frac{x_1 + x_2 + \cdots + x_n}{n}$$

예 4.1

10개의 관찰치들로 구성된 자료 S에서 평균(산술평균)을 계산하라.

$$S = \{375,\ 178,\ 90,\ 150,\ 500,\ 50,\ 159,\ 230,\ 30,\ 210\}$$

$$\bar{x} = \frac{1}{10}\sum_{i=1}^{10} x_i = \frac{375 + 178 + 90 + \cdots + 210}{10} = 197.2$$

■■■

산술평균 $\bar{x}$는 자료 $\{x_i: i=1, \cdots, n\}$의 분포를 대표하는 중심위치다. 여기에서 분포의 중심위치라는 표현은 분포의 가운데가 아니라 무게중심을 의미한다. 그리고 자료를 대표한다는 것은 $\bar{x}$가 자료에서 가장 적게 떨어져 있는 값이라는 의미다. 즉, $\bar{x}$는 자료로부터 떨어져 있는 정도를 측정하는 $T(c)$를 c에 대해 최소화하는 값이다.

$$T(c) = \sum_{i=1}^{n}(x_i - c)^2$$

여기에서 $(x_i - c)^2$는 자료의 i번째 관찰치 x_i와 c 간의 거리를 제곱한 값으로 c가 x_i에서 멀리 떨어져 있을수록 더 큰 값을 갖는다.

만일 [예 4.1]의 S에 11번째의 관찰치로 3,000이 추가된다면, 평균은 어떻게 변할까? 이 관찰치를 추가하여 평균을 다시 계산하면 452다. 그런데 이 값은 S에 있는 대부분의 관찰치들보다 훨씬 크다. 이처럼 대부분의 관찰치들과 동떨어져 있는 값이 자료를 대표한다고 할 수는 없다. 새로 추가된 관찰치 3,000은 기존의 다른 관찰치들과는 큰 차이가 있는 특이값이다. 즉, 평균은 특이값의 영향을 많이 받으므로 특이값이 있는 자료를 대표하는 값이라 할 수 없는 것이다. 이에 반해, 중앙값(median)은 평균에 비해 특이값의 영향을 적게 받는 척도다.

정의 중앙값

자료에 있는 관찰치들을 크기 순으로 정렬했을 때 중간에 위치한 값을 중앙값이라 한다. 만일 n이 홀수라면, 크기 순으로 정렬한 자료에서 $\left(\frac{n+1}{2}\right)$번째에 있는 값이 중앙값이다. 만일 n이 짝수라면, 자료의 중간은 크기 순으로 정렬한 자료의 $\left(\frac{n}{2}\right)$번째와 $\left(\frac{n}{2}+1\right)$번째에 있는 값들의 사이에 위치한다. 통상적으로 두 값의 산술평균을 중앙값이라 한다.

중앙값은 $\{x_i : i=1, \cdots, n\}$에서 각각의 x_i와 c 간의 거리를 모두 합한 $A(c)$를 최소화하는 값이다.

$$A(c) = \sum_{i=1}^{n} |x_i - c|$$

이러한 의미에서 중앙값을 자료를 대표하는 척도라 한다.

예 4.2 (예 4.1 계속)

자료 S의 중앙값을 계산하라.

먼저 S에 있는 10개의 관찰치들을 크기 순으로 다시 정렬시킨다.

$$\{375,\ 178,\ 90,\ 150,\ 500,\ 50,\ 159,\ 230,\ 30,\ 210\}$$
$$\Downarrow$$
$$\{30,\ 50,\ 90,\ 150,\ 159,\ 178,\ 210,\ 230,\ 375,\ 500\}$$

n이 짝수이므로, 정렬된 자료의 다섯 번째에 있는 159와 여섯 번째에 있는 178의 평균인 168.5이 중앙값이다.

$$168.5 = \frac{159+178}{2}$$

■■■

만일 11번째의 관찰치 3,000이 추가된다면, 중앙값은 정렬된 자료의 여섯 번째에 있는 178만원으로 바뀌게 된다. 그런데 이 값은 새로운 관찰치 3,000이 없었을 때의 168.5와 그다지 많이 다르지 않다. 그리고 이 값은 새로운 관찰치가 추가되더라도 자료에서 멀리 떨어져 있지 않으므로 자료를 대표하는 값이라 하더라도 무방하다. 이는 특이값이 있는 자료를 대표하지 못했던 평균과는 대조적인 특성이다. 즉, 중앙값은 평균에 비해 특이값에 덜 민감한 강건(robust)한 척도다. 그럼에도 불구하고 중앙값은 수학적으로 다루기가 까다롭고 관찰치가 많은 경우에는 평균에 비해 계산이 더 오래 걸릴 수 있다. 이로 인하여 과거에는 중앙값이 평균만큼 자주 사용되지 않았던 편이다.

평균과 중앙값의 상대적 크기는 히스토그램의 형태와 상관이 있다. 만일 히스토그램이 좌우대칭이라면 평균과 중앙값은 동일하다. 그렇지만 [그림 4.3]과 같이 우측으로 기울어진 히스토그램에서는 평균이 중앙값보다 더 우측에 위치한다. 반대로 좌측으로 기울어진 히스토그램에서는 평균이 중앙값보다 더 작다.

평균과 중앙값은 모두 분포의 중심을 측정하는 위치척도다. 하지만 자료에서 중심 이외의 위치에 관심이 있는 경우도 많이 있다. 예컨대, 하위 5%나 10%에 해당하는 저소득계층의 임금수준을 파악하는 것은 정책적 목적에서 더 요긴하게 사용될 수 있다. 표본의 백분위수(percentile)는 자료의 여러 위치를 기술할 때 많이 사용되는 척도다.

정의 백분위수

관찰치의 하위 p%에 해당하는 값을 백분위수 c_p라 한다. 즉, c_p는 그보다 작은 관찰치들의 비중이 p%에 해당하는 값이다.

예컨대, $c_{0.1}$는 하위 10%에 해당하는 백분위수다. 백분위수 중에서 특히 데이터의 하위 25%에 위치한 제1사분위수(first quartile) Q_1과 상위 25%에 위치한 제3사분위수(third quartile) Q_3은 비교적 자주 사용된다. 참고로 Data2018에서 하위 10%에 해당하는 '*income*'의 백분위수 $c_{0.1}$는 74만원이다. 그리고 Q_1은 150만원이고 Q_3는 300만원이다.

$$c_{0.1} = 74, \quad Q_1 (= c_{0.25}) = 150, \quad Q_3 (= c_{0.75}) = 300$$

제3항 정량적 변수의 변동성 척도

사분범위(interquartile range)는 Q_1과 Q_3 간의 거리다. 즉, 자료의 하위 25% 이하와 상위 25% 이상의 관찰치들을 제외한 나머지 50% 관찰치들의 범위다.

정의 사분범위(IQR)

$$IQR = Q_3 - Q_1$$

단, Q_1과 Q_3는 각각 자료의 제1사분위수와 제3사분위수를 나타낸다.

자료의 양쪽 끝에 있는 관찰치들을 제외하고 도출되기 때문에 IQR은 특이값의 영향을 받지 않는 강건한 척도다. 그렇지만 자료의 중심 주변에 얼마나 많은 관찰치들이 밀집되어 있는지 IQR만으로는 짐작할 수 없다. IQR이 자료의 중심위치와는 상관없는 척도이기 때문이다. 참고로 Data2018에서 "*income*"의 IQR은 150(=300−150)만원이다.

정의 표본의 분산과 표준편차

(표본 분산) $$s^2 = \frac{1}{n-1}\sum_{i=1}^{n}(x_i - \bar{x})^2$$

(표본 표준편차) $$s = \sqrt{s^2}$$

자료의 i번째 관찰치 x_i에서 평균 $\bar{x}$를 차감한 $(x_i - \bar{x})$를 평균으로부터의 편차(deviation from the mean)라 한다. 그리고 이 편차들을 제곱하여 모두 더한 값을 TSS(Total Sum of Squares)라 한다.

$$TSS = \sum_{i=1}^{n}(x_i - \bar{x})^2$$

TSS는 x의 분포가 $\bar{x}$ 주변에 밀집되어 있을수록 작아지는 경향이 있다. 참고로 TSS는 평균의 의미를 설명할 때 정의되었던 함수 $T(c)$의 최소값이다.

그림 4.4 경험의 법칙

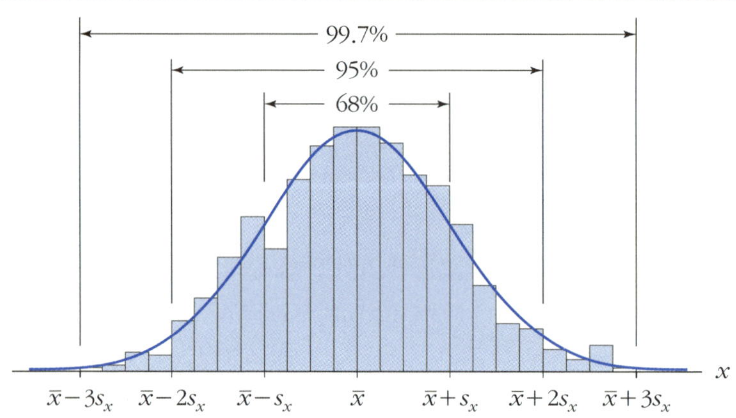

$$TSS = T(\bar{x}) = \min_c T(c)$$

TSS를 $(n-1)$로 나눈 값이 바로 s^2이다.[1] 따라서 $\bar{x}$의 주변에 관찰치들이 밀집되어 있는 정도를 s^2으로 측정할 수 있다. 즉, 중심 주변에 밀집되어 있는 자료에서는 s^2가 상대적으로 작은 값이다. 그런데 s^2의 단위는 x를 측정한 단위의 제곱과 같으므로 불편하다. 이에 따라, 표본 분산의 양의 제곱근인 표본 표준편차 s가 변동성 척도로 자주 사용된다.

Data2018에서 "*income*"의 표본 표준편차는 168.66만원이다. 그런데 이 숫자만 보고 관찰치들이 평균 주변에 얼마나 밀집해 있는지 바로 이해할 수는 없다. 경험의 법칙(empirical rule)은 s와 자료의 밀집도 간의 관계를 설명하는 하나의 가이드라인이다. 이 법칙에 따르면, 히스토그램이 좌우대칭의 종모양일 경우, $\bar{x}$를 중심으로 좌우의 $d \cdot s$ 범위 이내에 해당하는 관찰치의 비중이 대략 68%($d=1$), 95%($d=2$), 99.7%($d=3$) 정도다.

그런데 이 법칙은 히스토그램이 좌우대칭의 종모양이 아닌 경우에는 잘 적용되

1 TSS를 n으로 나눈 척도를 MSE라 한다. 이에 대한 자세한 설명은 부록을 참조하라.

지 않을 수도 있다. Data2018에서 "*income*"의 값이 평균 주변의 1 표준편차 이내의 구간에 속하는 근로자의 비중은 전체 근로자의 77.2%이고, 2 표준편차와 3 표준편차 이내 구간의 비중은 각각 95.7%와 98.5%와 같다. 즉, 좌우대칭의 종모양 히스토그램과 비교해 볼 때, "*income*"의 분포는 1 표준편차 이내 구간에서 평균 주변에 더 밀집되어 있지만 3 표준편차 이내 구간의 비중은 오히려 덜 밀집되어 있다. "*income*"의 분포가 3 표준편차 이내 구간에 덜 밀집되어 있는 것은 특이값이 많기 때문이다. 참고로 평균에서 3 표준편차를 벗어나는 영역은 "*income*"이 754.2만원보다 더 크다. 이 영역에는 379명의 근로자가 포함되어 있다.

제4항 상자그림

상자그림(box plot)은 백분위수를 사용하여 정량적 변수의 분포를 시각화하는 그림이다. 참고로 [그림 4.5]의 상자그림은 Data2018에 있는 "*income*"의 분포를 나타낸다. 이 그림에서 상자의 위치는 '$Q_1 = 150$'과 '$Q_3 = 300$'에 의해 결정되며,

그림 4.5 월급여의 상자그림

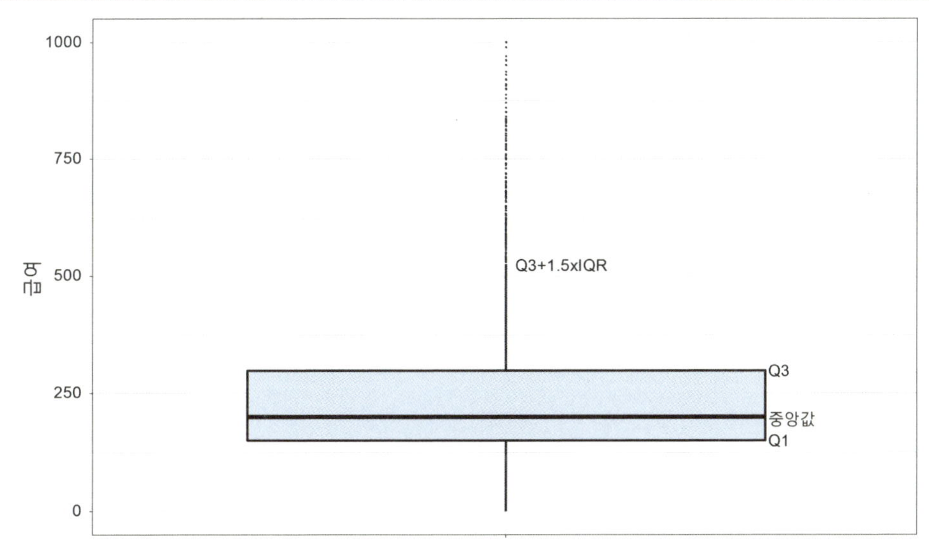

상자의 크기는 'IQR = 150'이다. 상자 안쪽의 굵은 실선은 중앙값 '$Q_2 = 200$'이다.

상자의 바깥 쪽에 실선으로 표시된 부분은 특이값에 해당하지 않는 관찰치의 범위를 나타낸다. 이 실선이 마치 수염(whisker)처럼 보이기 때문에 상자그림을 상자-수염그림(box-whisker plot)이라 부르기도 한다. 그리고 이 실선의 바깥 부분에 점선을 사용하여 특이값의 범위를 나타낸다.

상자그림에서 특이값에 해당하는 관찰치들은 '$Q_1 - 1.5 \cdot IQR$'보다 더 작거나'$Q_3 + 1.5 \cdot IQR$'보다 더 큰 값이다. 예컨대, Data2018에서 "*income*"의 값이 525만원보다 더 큰 값들은 특이값에 해당한다. 그러나 상자그림에서 특이값의 범위가 0보다 작기 때문에 "*income*"의 최소값 1만원은 특이값이 아니다.

$$Q_3 + 1.5 \cdot IQR = 300 + 1.5 \times 150 = 525$$
$$Q_1 - 1.5 \cdot IQR = 150 - 1.5 \times 150 < 0$$

실습문제

Data2018를 사용하여 30세 미만의 청년 집단에 속한 근로자들을 대상으로 다음의 각 문항에 답하라. (※ Data2016 또는 Data2020를 사용하거나 청년 집단 대신 제조업 집단이나 종사자 규모가 300명 이상 집단 등에 속해 있는 근로자들을 대상으로 다시 질문)

1. 근로자의 학력(*edu*)을 중졸 이하, 고졸, 전문대 졸, 대졸, 대학원졸 등 5가지로 구분한 후, 상대도수와 누적상대도수의 분포를 표와 그림을 사용하여 기술하라.

2. 급여(*income*) 분포의 형태를 기술하라.
   (1) 위치와 변동성에 관한 수치척도를 사용한 분포의 기술
   (2) 히스토그램 또는 상자그림 등의 그림을 사용한 분포의 시각화
   (3) 경험의 법칙이 적용될 수 있는지에 대해 설명하라.

부록 • MSE와 RMSE

평균으로부터의 편차들을 합한 값은 항상 0이다.

$$\sum_{i=1}^{n}(x_i - \bar{x}) = 0$$

이는 $(n-1)$개의 편차들을 알면 나머지 하나의 편차의 값을 자동으로 알 수 있다는 것을 의미한다. 예컨대, 앞에 있는 $(n-1)$개의 편차들의 값이 정해지면, 마지막에 있는 n번째의 편차의 값은 자동으로 알 수 있다는 것이다.

$$(x_n - \bar{x}) = -\sum_{i=1}^{n-1}(x_i - \bar{x})$$

결국, 자유롭게 결정될 수 있는 편차의 수는 n이 아니라 $(n-1)$개다. 통계학에서는 이 숫자를 자유도(degree of freedom)라 한다. 표본 분산 s^2은 TSS를 편차의 자유도 $(n-1)$로 나눈 값이다.

한편, TSS를 관찰치의 수 n으로 나눈 것을 표본의 MSE(Mean Squared Error)라 한다.

$$\hat{\sigma}^2 = \frac{1}{n}\sum_{i=1}^{n}(x_i - \bar{x})^2$$

즉, $\hat{\sigma}^2$은 편차들의 제곱을 평균한 값이고, s^2과 마찬가지로 x의 분포가 $\bar{x}$ 주변에 밀집되어 있는 정도를 측정하는 변동성 척도다. 만일 n이 크다면, s^2과 $\hat{\sigma}^2$ 간의 차이는 거의 없다. 오랫동안 $\hat{\sigma}^2$보다는 s^2이 자료의 변동성을 측정하는 척도로 더 자주 사용되어 왔다.[2] 그리고 그 영향으로 아직까지 거의 모든 통계 패키지들은 변동성 척도로 s^2의 값을 계산해 준다.

2 그 이유에 대해서는 뒤의 통계적 추론 부분에서 다시 논의될 것이다.

표본의 MSE의 양의 제곱근을 RMSE(Root Mean Squared Error)라 한다. RMSE는 s와 마찬가지로 측정단위가 x와 동일한 변동성의 척도다.

$$\hat{\sigma} = \sqrt{\hat{\sigma}^2}$$

Chapter 5

변수 간의 관계에 대한 기술

제1절 다변량 자료의 분포

두 개 이상의 변수들이 포함된 다변량(multivariate) 자료를 기술해야 하는 경우는 많이 있다. 참고로 Data2018은 13개의 정성적 변수와 3개의 정량적 변수로 구성된 다변량 자료다. 따라서 제4장의 설명은 다변량 자료에 있는 개별 변수들에 대한 기술통계학이라 할 수 있다. 여기에서는 다변량 자료에 있는 변수들 간의 관계에 대한 기술방법을 살펴보기로 한다. 편의상, 관찰치의 수가 n인 다변량 자료에 있는 두 변수 x와 y 간의 관계를 기술한다고 가정하자. 즉,

$$\{(x_i, y_i): i = 1, \cdots, n\}$$

참고로 (x, y)의 결합분포(joint distribution)는 두 변수가 결합적으로 어떻게 분포되어 있는지를 나타낸다. 그리고 각각의 x 또는 y 각각의 분포를 한계분포(marginal distribution)라 한다. 두 변수의 결합분포는 각 변수의 한계분포 특성 이외에도 두 변수 간의 관계를 보여준다. 예컨대, Data2018에서 x를 "*sex*"라 하고 y를 "*income*"이라 할 경우, (x, y)의 결합분포는 25,543명의 근로자들의 급여가 그들의 성과 어떻게 연관되어 있는지를 보여준다.

한편, x의 한계분포에 대한 기술은 그다지 중요하지 않지만, x값이 주어졌을 때의 y의 분포에 대한 기술이 중요할 수 있다. 예컨대, Data2018에서 근로자들의 "*sex*"가 어떻게 분포되어 있는지를 기술하는 것은 중요하지 않지만, 남성 근로자의 월급여 분포와 여성 근로자의 월급여 분포가 어떻게 다른지를 비교하고

기술하는 것은 흥미로울 수 있다. 이처럼 x의 값이 주어졌을 때 y가 갖는 분포를 조건부 분포(conditional distribution)라 한다.

제2절 두 정성적 변수의 분포에 관한 기술

제1항 결합분포의 기술

만일 x와 y가 모두 정성적 변수일 경우, 두 변수의 도수 또는 상대도수의 분포는 이원분류표(two-way table)로 정리될 수 있다. 참고로 〈표 5.1〉은 Data2018에서 '$(x, y) = (sex,\ status)$'의 결합도수(joint frequency)를 정리한 이원분류표다.

표 5.1 임금근로자의 성과 종사상 지위에 관한 결합도수 분포

구 분		종사상 지위($y = status$)			소 계
		상용직 (1)	임시직 (2)	일용직 (3)	
성 ($x = sex$)	남성 (1)	10,064	2,387	1,222	**13,673**
	여성 (2)	6,976	4,177	717	**11,870**
소 계		**17,040**	**6,564**	**1,939**	**25,543**

〈표 5.1〉에서 근로자의 범주는 모두 6개($=2\times3$)다. 처음에 있는 숫자 10,064는 남성($x=1$)이면서 동시에 상용직($y=1$)에 해당하는 결합도수다. 그리고 표의 하단에 있는 17,040은 상용직 남성 근로자 10,064명과 상용직 여성 근로자 6,976명을 합한 한계도수(marginal frequency)다. 표의 하단에 있는 나머지 두 숫자(6,564, 1,939)도 근로자의 성과 상관없는 종사상 지위의 한계도수다. 이와 마찬가지로 이 표의 우측에 있는 (13,673, 11,870)은 근로자의 종사상 지위와 상관없는 성별 한계도수다.

두 정성적 변수의 결합 상대도수(joint relative frequency)도 이원분류표로 나타낼 수 있다. 그리고 [그림 5.1]과 같은 막대그래프를 사용하여 결합분포의 형태를

표 5.2 임금근로자의 성별 종사상 지위에 관한 결합 상대도수 분포

구 분		종사상 지위(y=*status*)			소 계
		상용직 (1)	임시직 (2)	일용직 (3)	
성 (x=*sex*)	남성 (1)	0.394	0.093	0.048	0.535
	여성 (2)	0.273	0.164	0.028	0.465
소 계		0.667	0.257	0.076	1.000

그림 5.1 임금근로자의 성별 종사상 지위에 관한 결합 상대도수 분포

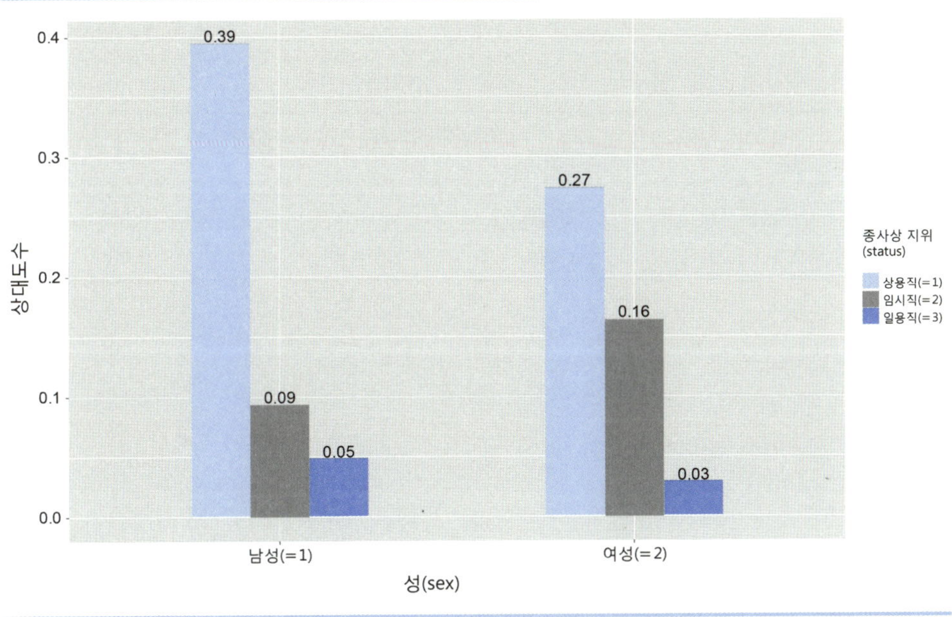

시각화할 수 있다.

제2항 조건부 분포의 기술

〈표 5.3〉의 이원분류표는 정성적 변수 x의 값이 주어졌을 때 또 다른 정성적 변수 y의 조건부 상대도수(conditional relative frequency) 분포를 나타낸다.

이 표에서 남성 근로자의 상용직 비중은 0.736이다. 이 값은 결합도수에 관한 앞의 〈표 5.1〉에서 상용직 남성 근로자의 수를 남성 근로자의 수로 나눈 값과 같다. 물론 이 값은 〈표 5.2〉에 있는 상대도수 간의 비율과 같아야 한다. 즉,

$$0.736 = \left(\frac{10064}{25543}\right) \div \left(\frac{13673}{25543}\right) = 0.394 \div 0.535$$

〈표 5.3〉에서 첫 번째 행에 있는 세 비중은 남성 근로자들의 종사상 지위에 대한 조건부 분포다. 이 세 비중을 모두 합하면 1이 되어야 한다. 세 범주 중에서

표 5.3 임금근로자의 성별 종사상 지위의 조건부 상대도수 분포

구 분		종사상 지위(y=*status*)		
		상용직 (1)	임시직 (2)	일용직 (3)
성 (x=*sex*)	남성 (1)	0.736	0.175	0.089
	여성 (2)	0.588	0.352	0.060

그림 5.2 근로자의 성별 종사상 지위의 조건부 상대도수 분포

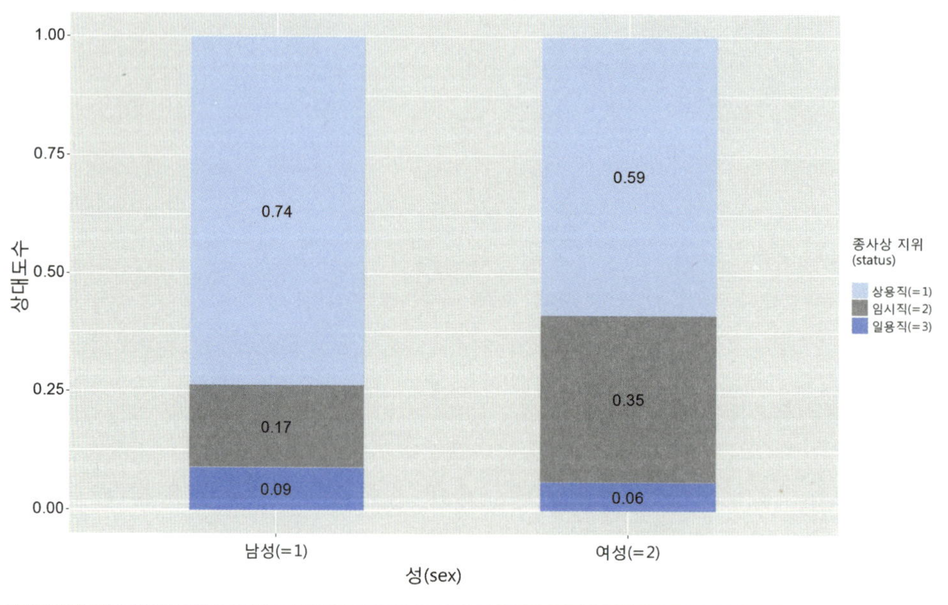

어느 한 가지에 반드시 포함되어야 하기 때문이다. 한편, 여성 근로자들의 종사상 지위는 두 번째 행에 있는 세 비중이다. 조건부 상대도수 분포는 [그림 5.2]와 같은 누적 막대형 그래프로 시각화될 수 있다. 이 그림을 보면 근로자의 종사상 지위가 성별로 어떻게 다른지를 쉽게 파악할 수 있다.

제3절 두 정량적 변수의 분포에 관한 기술

제1항 산포도

두 정량적 변수 (x, y)의 결합분포는 3차원의 히스토그램으로 시각화할 수 있다. 그렇지만 두 변수 간의 관계를 기술하는 것이 목적인 경우에는 번거로운 3차원의 히스토그램보다 산포도(scatterplot)가 더 편리하다. 산포도는 자료에 있는 (x, y)의 위치를 가로축(x축)과 세로축(y축)에 표시한 그림이다.

[그림 5.3]의 (a)와 같이 우상향하는 모습의 산포도에서 관찰치들은 양(+)의 기울기를 가지는 직선의 주변에 위치해 있다고 할 수 있다. 이러한 경우, (x, y) 간에 양(+)의 선형관계가 있다고 한다. 반면, (b)와 같이 산포도가 우하향하는 경우, 두 변수 간에 음(−)의 선형관계가 있다고 한다.

실제 자료에서는 두 변수 간의 선형관계를 육안으로 확인하기 힘든 경우도 많이 있다. 참고로 Data2018에서 [그림 5.4]에 있는 "*age*"와 "*income*" 간의 산포도를 보면, 두 변수 간의 선형관계가 양인지 음인지 육안으로 판단하기 어렵다.

그림 5.3 산포도의 형태

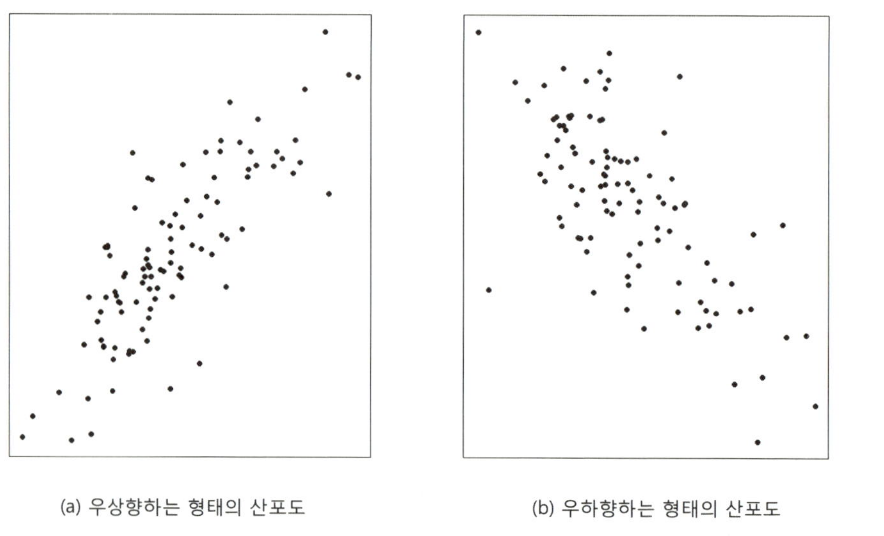

(a) 우상향하는 형태의 산포도 (b) 우하향하는 형태의 산포도

그림 5.4 임금근로자의 나이와 월급여 간의 산포도

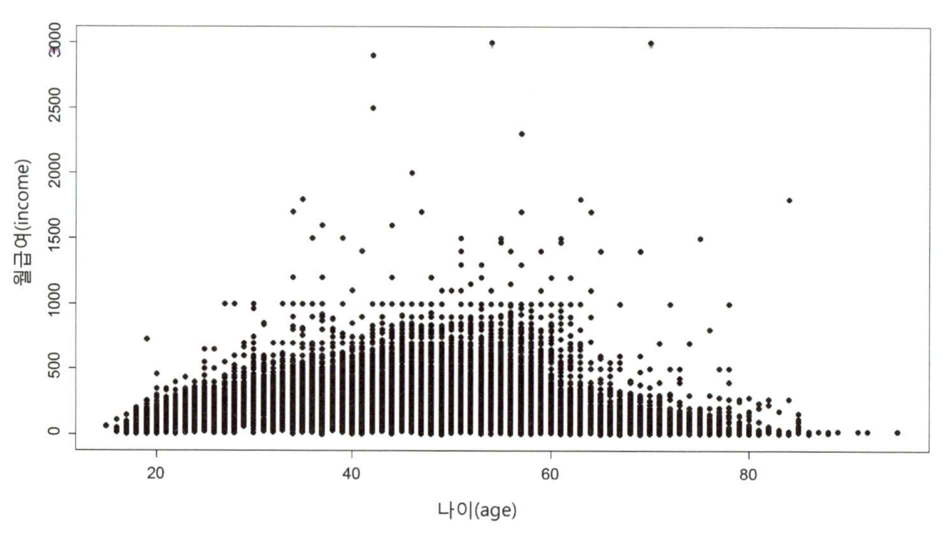

제2항 선형관계의 측정

(1) 공분산과 상관계수

표본 공분산(sample covariance)은 두 변수 간의 선형관계를 측정하는 수치척도다.

정의 표본 공분산

$$s_{xy} = \frac{1}{n-1} \times \sum_{i=1}^{n} (x_i - \bar{x})(y_i - \bar{y})$$

두 변수 (x, y) 간에 양의 선형관계가 있다면, '$s_{xy} > 0$'이다. 반대로, 두 변수 간 음의 선형관계가 있다면, '$s_{xy} < 0$'이다. 그 이유는 [그림 5.5]를 보면 쉽게 이해할 수 있다. 참고로 이 그림은 [그림 5.3] (a)에 있는 산포도를 $(\bar{x}, \bar{y})$의

그림 5.5 공분산과 산포도

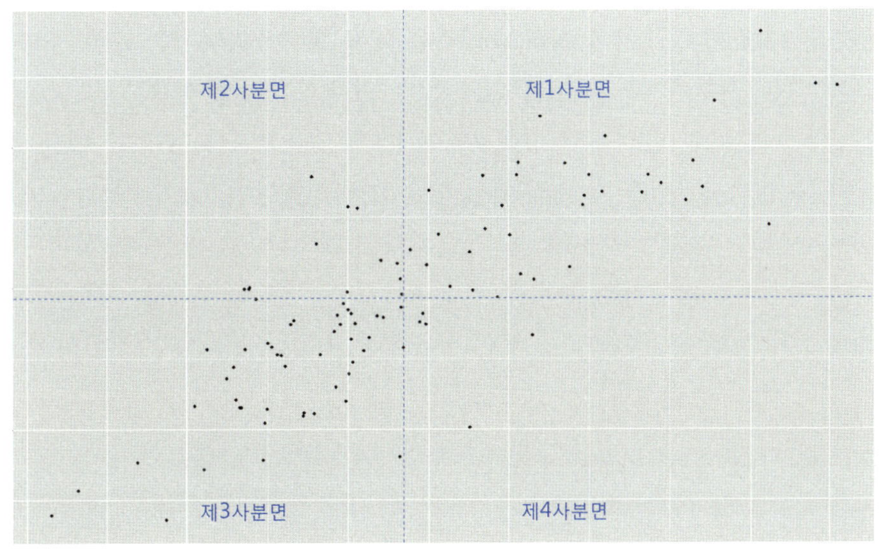

값으로 나누어진 사분면(四分面)에 겹쳐 그린 것이다.

[그림 5.5]에서 제1사분면에 위치한 점들은 x와 y의 값이 모두 평균보다 크다. 따라서, 두 변수 모두 평균으로부터의 편차가 0보다 크며, 두 편차를 곱한 값도 0보다 크다.

$$(x-\bar{x})>0 \ \& \ (y-\bar{y})>0 \quad \Rightarrow \quad (x-\bar{x})\times(y-\bar{y})>0$$

한편, 제2사분면에 있는 점들은 x가 $\bar{x}$보다 작고 y가 $\bar{y}$보다 커서 두 편차를 곱한 값은 0보다 작다.

$$(x-\bar{x})<0 \ \& \ (y-\bar{y})>0 \quad \Rightarrow \quad (x-\bar{x})\times(y-\bar{y})<0$$

마찬가지로 제3사분면에 있는 점들의 두 편차를 곱한 값은 양수(+)고, 제4사분면에 있는 점들의 두 편차를 곱한 값은 음수(−)다.

[그림 5.5]를 보면 제1사분면과 제3사분면에 있는 점들의 영향이 더 크므로 공분산이 양수라는 것을 짐작할 수 있다. 예상대로 두 변수 간 표본의 공분산은 297.39다. 참고로 Data2018에서 "*age*"와 "*income*" 간의 표본 공분산은 −191.414다. 즉, 두 변수 간에는 음의 선형관계가 있다. 그런데 [그림 5.4]를 보면 선형관계의 강도(强度)가 그다지 강하지 않다는 것을 알 수 있다. 즉, 표본 공분산의 크기만으로는 선형관계의 강도를 판단할 수 없다. 그 이유는 표본 공분산의 크기가 x와 y를 어떤 단위로 측정했는지에 따라 달라지기 때문이다. 예를 들어, "*income*"을 만원 단위가 아니라 천원 단위로 측정했다면, 공분산은 −191.414가 아니라 그 10배인 −1914.14로 계산되었을 것이다. 측정단위가 달라지더라도 "*age*"와 "*income*" 간의 본질적인 선형관계는 변하지 않는다. 표본 상관계수(sample correlation coefficient)는 표본 공분산과 동일한 부호를 가지면서 선형관계의 강도(强度)를 측정할 수 있는 척도다.

 정의 표본 상관계수

$$r_{xy} = \frac{s_{xy}}{s_x \cdot s_y}$$

분모에 있는 s_x와 s_y가 모두 양수이므로 r_{xy}의 부호는 s_{xy}와 일치한다. 그리고 r_{xy}는 두 변수의 측정단위와 상관없이 항상 -1과 1 사이에 있으며, $|r_{xy}|$가 1에 가까울수록 선형관계가 강하다는 것을 [그림 5.6]을 보고 알 수 있다.

참고로 Data2018에서 "*age*"와 "*income*" 간의 표본 상관계수는 -0.083이다. 즉, 두 변수 간에 음의 선형관계가 있지만 선형관계의 강도는 매우 약하다는 것을 짐작할 수 있다.

그렇지만 r_{xy}만으로는 x와 y 간의 관계를 파악하는 데 한계가 있다. 우선 x와 y 간의 비선형관계는 r_{xy}로 파악될 수 없다. 예컨대, 앞의 [그림 5.4]에서 r_{xy}

그림 5.6 상관계수의 값과 산포도

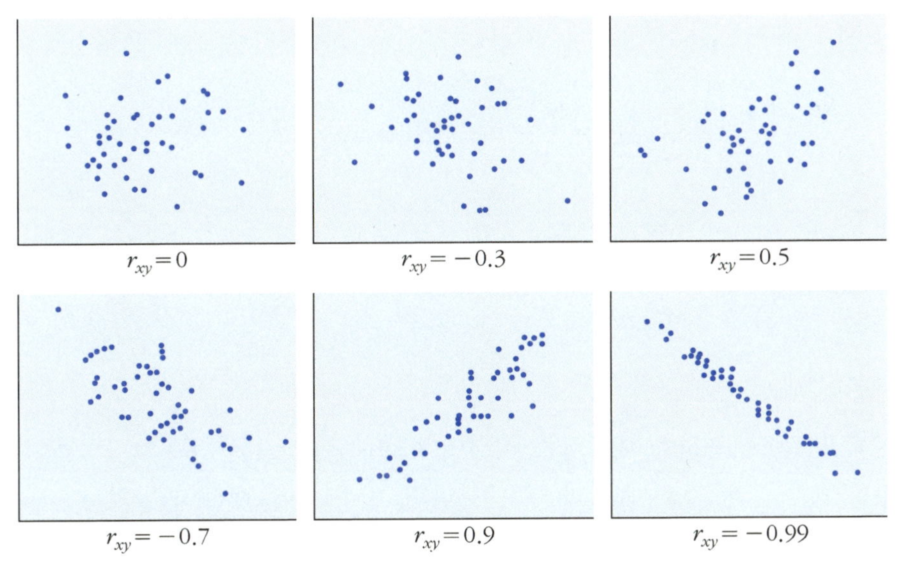

는 0에 가까운 값이지만, "*income*"과 "*age*" 간에 아무런 관계가 없다고 보기는 어렵다. 오히려 두 변수 간에 강한 비선형관계가 존재할 수도 있다. 그리고 x가 증가할 때 y가 변하는 정도(즉, 기울기)를 알 수 없다는 것도 r_{xy}가 가지는 한계다. 인과관계와 상관이 없다는 점도 r_{xy}가 가지는 또 다른 한계다. 예컨대, 연중 아이스크림 판매량과 연중 익사자의 수 사이에는 높은 상관관계가 있다고 한다. 그렇지만 이는 온도가 높고 낮음에 따른 것에 불과하며 논리적으로 두 변수 간에 인과관계가 존재하는 것은 아니다.

(2) 최소자승법

표본 상관계수만으로는 알 수 없었던 기울기는 **최소자승법(Least Squares Method)**으로 파악할 수 있다. 이 방법은 $\{(x_i, y_i): i=1, \cdots, n\}$에서 각각의 x_i에 해당하는 직선 '$b_0+b_1x_i$'과 y_i 간의 거리의 제곱을 모두 합한 값을 최소화하여 산포도에 있는 점들을 대표할 수 있는 직선을 찾아내는 것이다. 즉,

$$\min_{b_0, b_1} \sum_{i=1}^{n} \{y_i - (b_0 + b_1 x_i)\}^2$$

이 문제의 해(解) $(\hat{\beta}_0, \hat{\beta}_1)$을 **최소자승추정량(LSE, least squares estimator)**이라 한다.

$$\hat{\beta}_1 = \frac{s_{xy}}{s_x^2} \quad \& \quad \hat{\beta}_0 = \bar{y} - \hat{\beta}_1 \bar{x}$$

그리고 $(\hat{\beta}_0, \hat{\beta}_1)$이 절편과 기울기인 직선 $\hat{y}$을 **표본회귀선(SRL, sample regression line)**이라 한다.

$$\hat{y} = \hat{\beta}_0 + \hat{\beta}_1 x$$

표본회귀선은 산포도를 대표하는 직선이다. 이는 $\bar{y}$가 $\{y_i: i=1, \cdots, n\}$의 대표값이라는 것과 같은 의미다. 즉, 하나의 변수 y에 대한 관찰치$\{y_i: i=1, \cdots, n\}$를 대표하는 값으로 $T(c)$를 최소화하여 $\bar{y}$를 도출했듯이, 두 변수 (x, y)

표 5.4 평균과 최소자승선

최소화 문제	최소화의 해(解)
$T(c)=\sum_{i=1}^{n}(y_i-c)^2$	$\bar{y}$
$R(b_0,\ b_1)=\sum_{i=1}^{n}\{y_i-(b_0+b_1x_i)\}^2$	$\hat{y}=\hat{\beta}_0+\hat{\beta}_1x$

의 관찰치 $\{(x_i,\ y_i):\ i=1,\ \cdots,\ n\}$를 대표하는 직선이 $\hat{y}$인 것이다.

참고로 직선의 기울기를 0으로 제한하고 $R(b_0,\ b_1)$를 최소화하는 절편의 값은 $\bar{y}$다. 즉, $T(c)$의 최소값인 $T(\bar{y})$는 기울기가 0인 직선 중에서 $R(b_0,\ b_1)$를 최소화하는 값과 같다.

$$T(\bar{y})=R(\bar{y},\ 0)$$

자료에서 두 변수 $(x,\ y)$ 간의 상관관계를 측정하는 r_{xy}의 값이 0과 다르다는 것은 산포도를 대표하는 최소자승선의 기울기 $\hat{\beta}_1$이 0과 다르다는 뜻이다. 결정계수(coefficient of determination) R^2는 최소자승선 $\hat{y}$이 산포도에 적합(fit)한 정도를 측정하는 척도다. 보다 구체적으로, R^2는 $\bar{y}$를 사용하는 것보다 $\hat{y}$을 사용함으로써 산포도에 적합한 정도가 얼마나 개선되는지를 측정하는 척도다.

$$R^2=1-\frac{R(\hat{\beta}_0,\ \hat{\beta}_1)}{R(\bar{y},\ 0)}\left(=1-\frac{R(\hat{\beta}_0,\ \hat{\beta}_1)}{T(\bar{y})}\right)$$

결정계수 R^2는 $\hat{\beta}_1$이 0일 때 가장 작은 값인 0이고, 모든 관찰치 $\{(x_i,\ y_i):\ i=1,\ \cdots,\ n\}$들이 직선 $\hat{y}$ 상에 놓여 있을 때 가장 큰 값인 1이다.

$$0\le R^2\le 1$$

예컨대, Data2018에서 "*age*"$(=x)$와 "*income*"$(=y)$에 대한 최소자승선의 기울기는 -0.99이고, 결정계수는 거의 0에 가까운 값이다.

$$\hat{y}=293.59-0.99\cdot x,\quad R^2=0.007$$

|참고| 특이값과 최소자승법

최소자승법을 사용하여 도출한 표본회귀선은 표본평균의 경우와 마찬가지로 특이값에 민감하다. 즉, 표본회귀선의 절편과 기울기는 특이값의 영향을 받아 크게 달라질 수 있다. 이러한 경우 표본회귀선을 산포도를 대표하는 직선으로 받아들이기는 어려울 것이다. 그러나 중앙값의 경우와 마찬가지로 최소절대편차법(Least Absolute Deviation)을 사용하여 도출한 직선은 특이값에 민감하지 않다.

$$\min_{b_0, b_1} \sum_{i=1}^{n} | y_i - (b_0 + b_1 x_i) |$$

그렇지만 절대값으로 된 함수를 최소화하는 문제는 쉽지 않다. 이러한 이유로 최소절대편차법보다는 최소자승법이 더 많이 사용되어 왔다.

실습문제

Data2018를 사용하여 30세 미만의 청년 집단에 속한 근로자들을 대상으로 다음의 각 문항에 답하라. (※ Data2016 또는 Data2020를 사용하거나 청년 집단 대신 제조업 집단이나 종사자 규모가 300명 이상 집단 등에 속해 있는 근로자들을 대상으로 다시 질문)

1. 앞의 제4장에서와 마찬가지로 근로자의 학력을 5가지로 구분하고 5가지 교육수준별 정규직과 비정규직 근로자의 조건부 상대도수 분포표를 작성하라.

2. 제3장의 참고(1)과 같은 방법으로 교육수준(edu)을 정량화한 교육기간(edu_c)을 정의하고, 교육기간과 급여 간의 관계를 기술하라.
   (1) 산포도를 사용한 기술
   (2) 표본의 공분산과 상관계수를 사용한 선형관계의 기술
   (3) 최소자승법을 사용한 선형관계의 기술

부록 • 기타 시각화 방법

(1) 범주별 히스토그램과 상자그림

만일 Data2018의 "*age*"와 같이 x가 매우 다양한 값을 갖는 경우, 각각의 x에 대한 y의 조건부 분포를 시각화하는 것보다는 x를 몇 가지의 범주를 갖는 정성적 변수로 변환하고, 변환된 정성적 변수에 대한 y의 조건부 분포를 시각화할 수도 있다. 참고로 Data2018의 근로자들을 청년($age < 30$), 중년($30 \le age \le 60$), 그리고 노년($age > 60$) 등의 세 범주로 분류하고 각 범주에 해당하는 "*income*"의 조건부 분포를 히스토그램과 상자그림으로 시각화할 수도 있다.

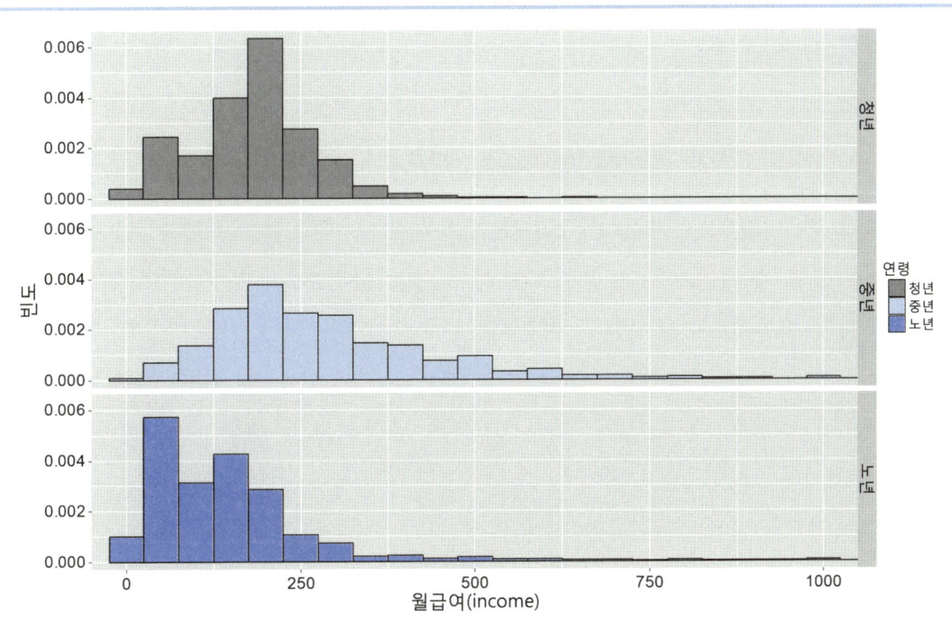

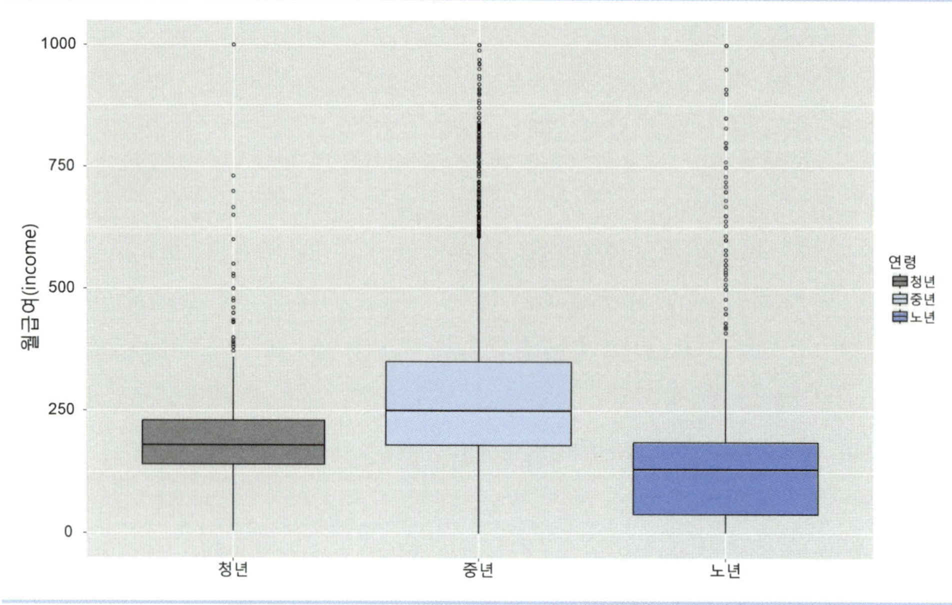

(2) 여러 변수들 간의 관계를 보여주는 산포도

두 정량적 변수 간의 관계는 산포도를 사용하여 시각화할 수 있다. 만일 이 산포도에서 점의 형태나 색, 또는 크기 등을 달리할 경우, 세 개 이상의 변수들 간의 관계를 표현할 수도 있다. 예컨대, Data2018에 있는 근로자들의 "*age*"와 "*income*" 간의 산포도에서 각 근로자의 "*sex*"와 "*regular*"를 다른 색과 다른 형태의 점으로 표현할 수도 있다. 다음 그림은 무작위로 추출된 50명의 근로자에 대한 산포도다.

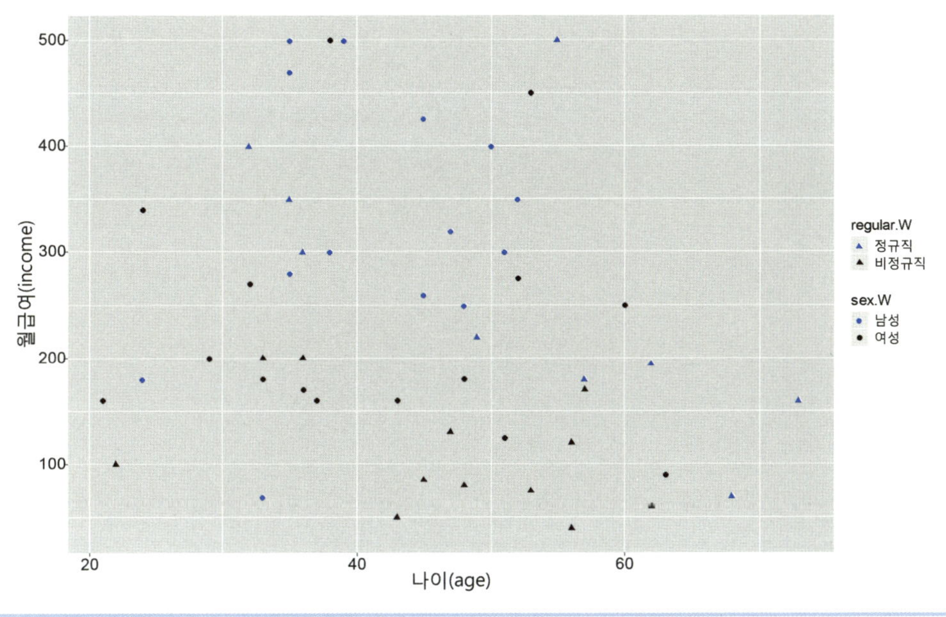
500
400
300
200
100
월급여(income)
20
40
60
나이(age)
regular.W
정규직
비정규직
sex.W
남성
여성

PART

03

확률분포

Chapter 6 확률과 확률변수

Chapter 7 확률변수의 확률분포

Chapter 8 두 확률변수의 확률분포

Chapter

6

확률과 확률변수

제1절 확 률

제1항 확률실험

동전을 던지면 앞면과 뒷면 중 어떤 결과가 실현될까? 동전을 던지기 전에는 어떤 결과가 나타날지 불확실하다. 이처럼 불확실성 하에서 어떤 특정한 사건이 발생할 가능성을 0과 1 사이의 숫자로 나타낸 것을 확률(probability)이라 한다. 확률이 0이라는 것은 그 사건이 발생할 가능성이 전혀 없으며, 1이라는 것은 그 사건이 확실히 발생한다는 뜻이다. 동전던지기와 같이 사전적으로 어떤 결과가 실현될지 불확실하고 특정한 결과가 실현될 가능성이 0과 1 사이에 있는 실험을 일컬어 확률실험(random experiment)이라 한다.

정의 확률실험

두 개 이상의 결과 중 사전적으로는 어떤 것이 실현될지 불확실한 실험을 확률실험이라 한다. 확률실험은 원칙적으로 반복 시행될 수 있으며, 실험의 모든 결과들을 사전에 정확히 규정할 수 있어야 한다.

동전은 반복적으로 던질 수 있고, 앞면(H)과 뒷면(T) 중 어느 하나의 결과만 발생할 수 있다. 예컨대, 동전을 던졌는데 동전이 사라지거나 움푹 패인 곳으로 굴러 가서 동전이 서있거나 하는 경우는 배제된다. 주사위 던지기도 1에서 6까지의 눈 중에 반드시 한 가지 결과만 나타나야 하고 사전적으로는 어떤 결과가 실현될지 불확실한 확률실험이다. 근로자 중 한 명을 선정한다고 할 때, 우리는 그 근로자가 남성인지 여성인지, 정규직 근로자인지 비정규직 근로자인지, 또 월급여는 얼마나 되는지 등등에 대해 사전적으로 알 수 없다. 따라서 임의로 근로자를 선정하는 것도 확률실험이다. 각 확률실험에서 발생할 수 있는 모든 결과들을 하나의 집합으로 나타낸 것을 표본공간(sample space)이라 하고, 그 부분집합을 사건(event)이라 한다.

정의 표본공간과 사건

특정 확률실험에서 실현될 수 있는 모든 결과들의 집합을 표본공간(S)이라 하고, 표본공간의 부분집합을 사건(A) 또는 사상이라 한다.

$$A \subset S$$

동전을 던지면 H(=앞면) 또는 T(=뒷면)의 두 가지 결과가 발생할 수 있다. 따라서 이 확률실험의 표본공간은 두 결과들로 구성된 집합이다.

$$S = \{H, T\}$$

이 표본공간의 부분집합의 수는 4개다. 어느 하나의 결과만으로 이루어진 집합 $\{H\}$와 $\{T\}$ 이외에도 표본공간 S와 아무 결과도 없는 공집합 ϕ도 부분집합에 포함되기 때문이다. 일반적으로 어떤 확률실험에서 k가지의 결과가 발생할 수 있다면, 사건의 수는 2^k와 같다.

예 6.1

세 개의 동전을 던지는 확률실험의 표본공간을 정의하라.

세 개의 동전을 던질 때 나타날 수 있는 결과는 모두 8가지다. 표본공간은 이 8가지 결과들의 집합이다.

$$S = \{(H,H,H), (H,H,T), (H,T,H), (T,H,H), (H,T,T), (T,H,T), (T,T,H), (T,T,T)\}$$

■■■

예 6.2

우리나라의 임금근로자 중에서 한 명을 선정한다고 하자. 정규직과 비정규직으로 구분되는 임금근로자의 근로형태에 대한 표본공간 S_1을 정의하라. 임금근로자의 고용형태뿐 아니라 해당 근로자가 남성인지 여성인지에 대해서도 관심이 있다고 하자. 임금근로자의 고용형태와 성(性)에 대한 표본공간 S_2를 정의하라.

임금근로자의 고용형태에 대한 표본공간은 두 개의 원소들로 이루어진 집합이다.

$$S_1 = \{\text{정규직, 비정규직}\}$$

임금근로자의 고용형태와 성에 대한 표본공간은 네 개의 원소들로 이루어진 집합이다.

$$S_2 = \{(\text{정규직, 남성}), (\text{비정규직, 남성}), (\text{정규직, 여성}), (\text{비정규직, 여성})\}$$ ■■■

앞의 [예 6.1]과 [예 6.2]에서 표본공간은 원소의 수가 유한한 집합이다. 그러나 셀 수 없이 많은 원소들이 있는 표본공간도 가능하다.

예 6.3

다트(Darts) 게임에서 중심 위치를 0이라 하고 가장 먼 거리에 있는 위치를 1이라 하자. 다트를 던지는 확률실험의 표본공간을 정의하라.

이 확률실험의 표본공간은 0에서 1 사이에 있는 무한히 많은 실수값들을 원소로

갖는 집합이다.

$$S = [0,\ 1)$$ ■■■

제2항 확 률

확률실험에서 특정한 사건이 발생할 가능성을 0과 1 사이의 숫자로 측정한 것을 확률이라 한다.

$$\text{사건 } A\text{의 확률: } p = P(A) \quad (0 \le p \le 1)$$

그렇다면 확률 p는 어떻게 계산될 수 있을까? 하나의 동전을 던지는 실험에서 앞면과 뒷면이 나타날 가능성이 동일하다고 가정한다면, 앞면의 확률은 0.5가 될 수밖에 없다. 즉, $P(\{H\}) = P(\{T\})$라고 가정한다면, 앞면이나 뒷면 중 한 가지가 반드시 실현되어야 하므로 $P(\{H\}) = 0.5$가 되어야 논리적으로 틀리지 않는다는 것이다. 아래의 확률계산원칙은 이와 같은 논리를 일반화한 것이다.

정의 **확률계산원칙**

확률실험의 결과들이 실현될 가능성이 모두 동일(equally likely)하다면, 사건 A의 확률은 A에 포함된 원소의 수($= \#A$)를 S에 있는 원소의 수($= \#S$)로 나눈 값과 같다. 즉,

$$P(A) = \frac{\#A}{\#S}$$

'확률실험의 결과들이 실현될 가능성이 모두 동일하다'라는 것은 이 원칙의 핵심 조건이다. 만일 동전이 어느 한 쪽으로 휘어져 있어 앞면과 뒷면이 실현될 가능성이 다르다면, 이 원칙을 적용할 수 없다.

예 6.4 (예 6.1 계속)

세 개의 동전 모두 앞면과 뒷면이 나타날 가능성이 동일하다고 하자. 앞면이 1개 뒷면이 2개로 실현될 사건의 확률은?

이 사건 (A)에 있는 원소의 수는 3개다.

$$A = \{(H, T, T), (T, H, T), (T, T, H)\}$$

따라서, $P(A) = 3/8$. ■■■

확률계산원칙에 의거하여 논리적으로 경우의 수를 따져 보고 도출한 확률을 수학적 확률(mathcmatical probability) 또는 선험적 확률(a priori probability)이라 한다. 한편, 동일한 확률실험을 반복적으로 시행했을 때 특정 사건의 상대 도수(relative frequency)가 수렴할 것으로 믿는 값을 확률로 볼 수도 있는데, 이를 경험적 확률(empirical probability)이라 한다. 현실적으로 동전을 무한히 던질 수는 없지만, 확률실험이 거듭될수록 앞면으로 실현되는 비율이 50%에 수렴할 것이라 믿는 것이 바로 경험적 확률이다.

신생아의 성(性)

새해 첫 번째로 태어날 신생아가 남자일 확률은 무엇일까?

선험적으로 그 확률이 0.5라고 생각할 수 있을 것이다. 그렇지만 이제까지 관찰된 결과에 따르면 신생아 중 남아의 비율은 대략 51% 정도라고 한다. 어떤 이유에서 남자아이의 비율이 50%를 넘는지 정확하게는 모른다. Y염색체가 X염색체보다 더 활발하여 수정될 가능성이 더 높을 수도 있다는 가설과 성인이 될 때까지 남자아이가 살아남을 확률이 여자아이보다 더 낮기 때문에 남자와 여자의 수를 맞추기 위해 그럴 것이라는 가설 정도가 제기되어 있을 뿐이다. 무한히 많은 아기가 태어난 것은 아니지만 경험적으로 볼 때 남자아이의 확률이 0.5를 조금 초과한다고 보는 것이 더 적절하지 않을까? ■■■

제3항 결합확률과 조건부 확률

두 개의 사건이 동시에 발생할 확률을 결합확률(joint probability)이라 한다. 그에 반하여 두 개의 사건 중 어느 한 사건이 다른 사건의 발생 여부와 상관없이 발생할 확률을 한계확률(marginal probability)이라 한다.

정의 결합확률과 한계확률

두 사건 A와 B가 동시에 발생할 확률을 결합확률(joint probability)이라 한다.

$$P(A \cap B)$$

그리고 사건 B와 상관없이 사건 A가 발생할 확률을 A의 한계확률(marginal probability)이라 한다.

$$P(A)$$

마찬가지로 $P(B)$는 B의 한계확률이다.

예 6.5 (예 6.1 계속)

세 동전을 모두 구분할 수 있다고 하고, 세 동전 모두 앞면과 뒷면이 나타날 가능성이 동일하다고 가정하자. 첫 번째의 동전이 앞면으로 실현될 확률은? 그리고 첫 번째 동전이 앞면이고 나머지 두 동전이 뒷면으로 실현될 확률은?

첫 번째의 동전이 앞면인 사건 A는 4개의 원소로 구성된 집합이다.

$$A = \{(H, H, H),\ (H, H, T),\ (H, T, H),\ (H, T, T)\}$$

두 번째와 세 번째의 동전이 뒷면으로 실현될 사건 B는 2개의 원소로 구성된 집합이다.

$$B = \{(H, T, T),\ (T, T, T)\}$$

첫 번째의 동전이 앞면으로 실현될 확률은 사건 A에 대한 한계확률이다.

$$P(A) = \frac{4}{8} = \frac{1}{2}$$

첫 번째 동전이 앞면이고 나머지 두 동전이 뒷면으로 실현될 확률은 A와 B의 결합확률이다.

$$P(A \cap B) = P((H, T, T)) = \frac{1}{8}$$

■■■

어떤 특정 사건이 발생했다는 정보가 주어졌을 때 다른 사건이 발생할 확률을 조건부 확률(conditional probability)이라 한다. 조건부 확률은 두 사건에 대한 결합확률과 한계확률로부터 도출된다.

정의 조건부 확률

사건 A가 주어졌을 때 사건 B의 조건부 확률은 A와 B의 결합확률을 A의 한계확률로 나눈 값이다.

$$P(B|A) = \frac{P(A \cap B)}{P(A)}$$

예 6.6 (예 6.1 계속)

첫 번째 동전이 앞면으로 실현되었을 때 뒤의 두 동전이 뒷면으로 실현될 확률은?

앞의 [예 6.5]에서 계산되었듯이, $P(A) = 1/2$이고 $P(A \cap B) = 1/8$이다. 따라서,

$$P(B|A) = \frac{1/8}{4/8} = \frac{1}{4}$$

■■■

조건부 확률에 대한 정의에서 분모에 있는 $P(A)$를 양변에 곱한 것을 곱셈의 법칙이라 한다. 즉,

$$P(A) \cdot P(B|A) = P(A \cap B)$$

이 식에서 좌변은 사건 A가 발생하고 그 다음에 사건 B가 순차적으로 발생할 확률이다. 그리고 우변은 두 사건 A와 B가 동시에 발생할 확률이다. 곱셈의 법칙은 [그림 6.1]의 확률나무(probability tree) 그림으로 확인할 수 있다.

이 그림에서 두 번째 마디에 있는 4개의 확률들은 첫 번째 마디에서 사건 A가 발생했는지 아닌지에 대한 정보를 사용하여 사건 B의 발생 여부를 나타내는 조건부 확률이다. 만일 $P(B|A)$와 $P(B|A^C)$가 다르다면, 첫 번째 단계에서 사건 A의 발생 여부에 따라 두 번째 단계에서 사건 B가 발생할 확률이 달라진다는 것을 뜻이다.

$$P(B|A) \neq P(B|A^C)$$

즉, 사건 B가 사건 A의 영향을 받는다는 것이다. 이와는 반대로, 두 사건 A와 B가 서로 영향을 미치지 않는 경우를 상호 독립(mutual independence)이라 한다.

그림 6.1 확률나무

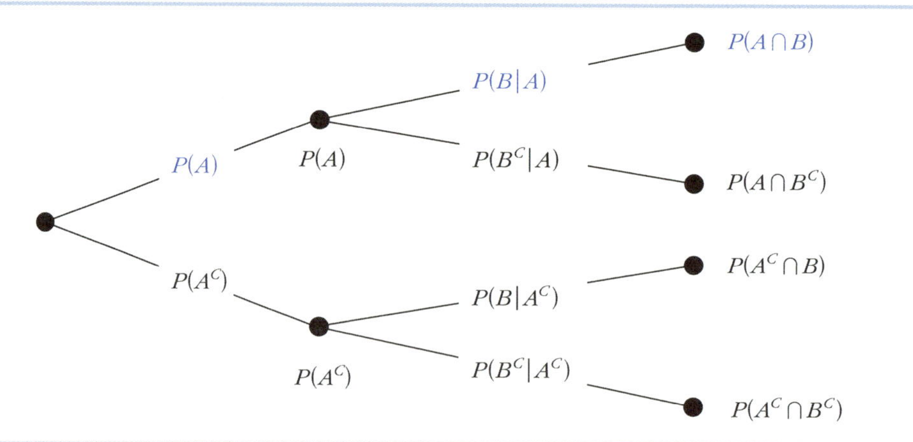

정의 독 립

'$P(A \cap B) = P(A) \cdot P(B)$'일 경우, A와 B는 상호 독립이다.

'$P(A) \neq 0$'인 경우, 독립에 관한 위의 정의는 조건부 확률을 사용하여 나타낼 수도 있다.

$$P(B) = P(B|A)$$

제2절 확률변수

동전을 던지는 확률실험에서 앞면(H)이 나타나면 1의 값을 갖고 뒷면(T)이 나타나면 0의 값을 갖는 변수를 X라 하자.

$$H \Rightarrow X = 1$$
$$T \Rightarrow X = 0$$

X는 동전을 던지기 전에는 어떤 값으로 실현될지 불확실하다. 이처럼 확률실험이 시행된 이후에야 값이 결정되는 변수를 확률변수(random variable)라 한다.

정의 확률변수

확률변수는 확률실험에서 발생할 수 있는 모든 결과에 숫자를 대응시키는 방법이다. 그리고 확률실험이 시행되기 전에는 어떤 숫자로 실현될지 불확실하다.

앞으로 이 책에서는 확률변수를 X 또는 Y와 같은 로마문자의 대문자를 사용하여 나타내기로 하고, 그 확률변수가 실현된 값을 해당 로마문자의 소문자로 표시하기로 한다. 따라서, '$X=x$'라는 것은 확률변수 X가 x로 실현되었다는 뜻이다.

예 6.7 (예 6.1 계속)

세 개의 동전을 던지는 확률실험에서 확률변수 X를 동전의 '앞면의 수'라 정의하자. 확률실험의 각 결과들을 X에 대응시켜라.

이 확률실험의 표본공간은 8개의 원소들로 이루어진 집합이다.

$$S=\{(T,T,T),(H,T,T),(T,H,T),(T,T,H),(H,H,T),(H,T,H),(T,H,H),(H,H,H)\}$$

X는 S에 있는 8개의 원소 각각에 0에서 3까지 4개의 숫자를 대응시키는 확률변수다.

$$(T,\ T,\ T)\ \Rightarrow\ X=0$$
$$(H,\ T,\ T)\ \Rightarrow\ X=1$$
$$\vdots$$
$$(T,\ H,\ H)\ \Rightarrow\ X=2$$
$$(H,\ H,\ H)\ \Rightarrow\ X=3$$

■■■

확률변수를 사용하여 확률을 표현하는 것은 확률실험의 표본공간이나 사건을 이용하여 확률을 구하는 것보다 편리한 방법이 될 수 있다. 예컨대, 앞면이 1회 실현될 확률은 [예 6.4]에서 3개의 원소로 구성된 사건 A의 확률과 같다.

$$A=\{(H,\ T,\ T),\ (T,\ H,\ T),\ (T,\ T,\ H)\}$$

사건 A에 있는 각 원소들은 어떤 동전이 앞면이고 어떤 동전이 뒷면인지에 대한 정보를 보여준다. 그렇지만 이 확률실험에서 앞면이 나온 동전의 수에만 관심이 있다면, A에 있는 세 원소들을 구분할 필요가 없다. 이러한 경우, A 대신 '$X=1$'을 사용하는 것이 더 편리하다.

정의 이산확률변수와 연속확률변수

실현될 수 있는 값이 유한하거나 무한하더라도 셀 수 있을 정도로 많은 확률변수를 이산확률변수라 한다. 반면, 셀 수 없을 정도의 많은 실수값으로 실현될 수 있는 확률변수를 연속확률변수라 한다.

[예 6.7]의 X는 4개의 값으로만 실현될 수 있는 이산확률변수다. 현실적으로 확률변수가 실현될 수 있는 가짓수가 무한히 많을 수는 없다. 그러나 무한히 많은 값으로 실현될 수 있다고 가정하는 것이 편리할 때도 있다. 예컨대, 1년 동안 신규로 창업한 기업의 수는 현실적으로 유한하다. 그렇지만 창업 기업의 수가 얼마보다 작을 것이라고 미리 정해 놓는 것보다는 그 수가 매우 큰 값으로 실현될 확률이 희박하다고 하는 것이 더 편리하다.

한편, 사전적으로는 실수의 어떤 값으로든 실현될 수 있는 연속확률변수라 할지라도 실제로는 올림/내림/반올림 등등 여러 가지 이유로 셀 수 없을 정도로 무한히 많은 값으로 실현될 수는 없다. 예컨대, Data2018에서 1주 동안의 근로시간을 나타내는 "*worktime*"은 이론적으로 0부터 168($=24\times7$)시간까지 무수히 많은 값을 가질 수 있지만 자료에는 시간 단위까지 반올림한 정수값들만 있다.

|참고| 자료와 확률변수

Data2018에 있는 첫 번째 임금근로자의 17가지 특성은 아래와 같다.

$$(city,\ sex,\ edu,\ \cdots,\ income,\ regular)=(1,\ 1,\ 3,\ \cdots,\ 27,\ 2)$$

그런데, 이 근로자는 Data2018에 포함되지 않았을 수도 있다. 즉, 자료의 추출과정을 보면, Data2018에 이 근로자가 포함되어 있는 것은 우연한 사건일 뿐이다. 이와 마찬가지로 Data2018에 있는 나머지 다른 근로자들이 포함된 것도 우연한 사건에 불과하다. 따라서 Data2018을 사용하여 앞의 기술통계 부분에서 정리했던 여러 수치척도들은 우연히 실현된 숫자에 불과하다. 예컨대, 이 자료에서 계산한 “*income*”의 평균 248.23만원은 우연히 실현된 값이다.

그렇다면 우리나라 전체 임금근로자들을 대상으로 “*income*”의 평균을 계산하면 어떤 값일까? 그 값은 아마도 Data2018의 248.23만원과 다를 것이다. 하지만 Data2018에서 계산한 248.23만원을 사용하여 전체 근로자의 평균급여를 추측하는 것은 매우 그럴 듯하다. 이처럼 주어진 자료에서 계산한 수치척도들을 이용하여 보다 일반적인 결론을 도출하는 것이 바로 통계적 추론이다.

통계적 추론을 위해서는 자료에 있는 숫자들을 확률변수가 실현된 값으로 받아들여야 한다. 즉, Data2018을 16개의 확률변수(*city*, *sex*, *edu*, ⋯, *income*, *regular*)가 25,543번에 걸쳐 실현된 값들에 대한 기록으로 받아들여야 한다.

Chapter

7

확률변수의 확률분포

제1절 확률분포

제1항 이산확률변수의 확률분포

확률질량함수(PMF, Probability Mass Function)는 확률변수가 특정한 값으로 실현될 확률이다.

정의 확률질량함수(PMF)

확률질량함수 $p(x)$는 X가 x로 실현될 확률이다.

$$p(x) = P[X = x] \quad (-\infty < x < \infty)$$

정리 이산확률변수의 PMF 특성

1. $0 \le p(x) \le 1$
2. 만일 x가 실현될 수 없는 값이라면, $p(x) = 0$
3. $\sum_{\text{모든 } x} p(x) = 1$

위의 정리에서 첫 번째 특성은 $p(x)$가 확률이므로 0보다 작을 수 없고 1보다 클 수 없다는 것이다. 두 번째 특성은 공집합의 확률이 0이라는 것과 같은 의미이고, 세 번째는 표본공간의 확률이 1이라는 것과 같은 의미다.

예 7.1

앞 장의 [예 6.7]에서 X의 PMF를 구하라.

X는 0부터 3까지 4개의 정수값으로 실현될 수 있는 이산확률변수다. PMF는 실현될 수 있는 4개의 값에서만 0보다 크고, 나머지의 실수값에서는 0이다.

x	0	1	2	3
$p(x)$	1/8	3/8	3/8	1/8

■■■

이산확률변수의 경우, PMF를 누적시킨 누적분포함수(CDF, Cumulative Distribution Function)를 사용하여 확률분포를 정리할 수도 있다.

정의 누적분포함수(CDF)

누적분포함수 $F(x)$는 X가 x 이하의 값으로 실현될 확률이다.

$$F(x) = P[X \leq x] \quad (-\infty < x < \infty)$$

PMF $p(x)$와 마찬가지로 CDF $F(x)$도 확률이다. 따라서, x가 어떤 값이든 $F(x)$는 0과 1 사이에 있는 숫자다. 편의상, X가 실현될 수 있는 값을 $\{x_1, x_2, x_3, \cdots\}$로 나타내고, 이 값들이 크기 순으로 정렬되어 있다고 하자.

$$x_1 < x_2 < x_3 < \cdots$$

'$x < x_1$'인 경우, $F(x)$의 값은 0이다.

$$x < x_1 \Rightarrow F(x) = 0$$

'$x_1 \le x < x_2$'의 범위에서 $F(x)$는 x_1에서의 PMF $p(x_1)$과 같은 값이다.

$$x_1 \le x < x_2 \ \Rightarrow \ F(x) = F(x_1) = p(x_1)$$

일반적으로 $x_k \le x < x_{k+1}$의 범위에서 $F(x)$는 x_1부터 x_k까지의 PMF 값들을 누적시킨 $F(x_k)$와 같다.

$$x_k \le x < x_{k+1} \ \Rightarrow \ F(x) = p(x_1) + p(x_2) + \cdots + p(x_k)$$

즉, 이산확률변수의 CDF는 불연속의 계단함수다.

정리 이산확률변수의 CDF 특성

1. $F(x)$는 최소값이 0이고 최대값이 1이다.
2. $F(x)$는 x가 증가할 때 감소하지 않는 계단함수다.

예 7.2 (예 7.1 계속)

확률변수 X의 CDF를 도출하라.

$$F(x) = \begin{cases} 0 & x < 0 \\ 1/8 & 0 \le x < 1 \\ 4/8 & 1 \le x < 2 \\ 7/8 & 2 \le x < 3 \\ 1 & x \ge 3 \end{cases}$$

■■■

이산확률변수의 CDF $F(x)$는 PMF $p(x)$를 누적시키는 방법으로 도출되었다. 그와 반대로, CDF로부터 PMF를 도출할 수도 있다.

$$F(x_k) = p(x_1) + p(x_2) + \cdots + p(x_{k-1}) + p(x_k) = F(x_{k-1}) + p(x_k)$$
$$\Rightarrow \ p(x_k) = F(x_k) - F(x_{k-1}) \quad k = 1, 2, \cdots$$

이는 PMF와 CDF 중 어느 한 가지만으로 이산확률변수의 확률분포를 충분히 표현할 수 있다는 뜻이다.

제2항 연속확률변수의 확률분포

연속확률변수 X가 실현될 수 있는 값은 셀 수 없을 정도로 무한히 많다. 따라서, 연속확률변수의 PMF는 항상 0이다.

$$p(x) = P[X = x] = 0$$

이는 연속확률변수의 확률분포가 한 점에서의 확률인 PMF로 파악될 수 없다는 것을 의미한다. 그렇지만 $[a, b]$(단, $a < b$)의 구간에서 연속확률변수가 실현될 확률은 CDF로 표현될 수 있다.

$$P[a < X \leq b] = P[-\infty < X \leq b] - P[-\infty < X \leq a] = F(b) - F(a)$$

예 7.3

정확히 1시간마다 출발하는 기차가 있다. 사전에 아무런 준비 없이 역에 도착했을 때 기차를 타기 위해 기다려야 하는 시간이 1/3시간(=20분) 이내일 확률은?

기차를 기다리는 시간 X는 0과 1 사이의 모든 실수 중 어느 하나의 값으로 실현될 수 있는 연속확률변수다. 이 문제는 0과 1 사이의 어떤 값이든지 실현될 가능성이 동일한 X가 0에서 1/3 사이의 구간에서 실현될 확률을 묻는 것이다. 즉,

$$F\left(\frac{1}{3}\right) = P\left[X \leq \frac{1}{3}\right]$$

X가 0과 1의 구간에서 어떤 실수값이든 실현될 가능성이 동일하다. 따라서 특정 구간의 확률은 그 구간의 크기에 비례한다. 그런데 이 구간의 크기는 전체 구간의 1/3에 해당한다. 즉,

$$F\left(\frac{1}{3}\right) = \frac{1}{3}$$

■■■

이산확률변수의 경우에는 CDF나 PMF 중 어느 한 가지만을 사용하여 확률을 계산할 수 있었다. 연속확률변수의 경우에는 아무런 의미가 없는 PMF를 사용하는 대신 CDF의 기울기에 해당하는 **확률밀도함수(PDF, Probability Density Function)**를 사용한다.

정의 확률밀도함수(PDF)

X의 확률밀도함수 $f(x)$는 x값에서 CDF $F(x)$의 기울기다. 즉, $f(x)$는 $F(x)$를 미분한 함수다.

$$f(x) = F'(x) = \frac{dF(x)}{dx}$$

연속확률변수의 PDF $f(x)$를 '적분'하면 CDF $F(x)$를 도출할 수 있다. 즉, PDF를 $[a, b]$ (단, $a < b$) 구간에서 적분한 값은 그 구간의 확률과 같다.

$$\int_a^b f(x)dx = F(b) - F(a)$$

예 7.4 (예 7.3 계속)

연속확률변수 X의 CDF와 PDF를 구하라.

X는 0과 1 사이에서만 실현될 수 있으므로 $x < 0$일 경우 $F(x)$는 0이다. $0 \le x \le 1$일 경우의 $F(x)$는 X가 0과 x 사이의 구간에서 실현될 확률을 구하는 것과 같다. 그런데 구간 $[0, x]$의 크기가 x와 같고 전체 구간의 크기가 1이므로 '$F(x) = x$'이다. 한편, $x > 1$일 때의 $F(x)$는 $F(1)$과 동일한 1이다.

$$F(x) = \begin{cases} 0 & x < 0 \\ x & 0 \le x \le 1 \\ 1 & x > 1 \end{cases}$$

$F(x)$의 기울기는 0과 1을 제외한 다른 모든 값에서 구할 수 있다. 그런데 0 또는 1의 값으로 X가 실현될 확률이 0이라는 사실을 알고 있으므로 두 값에서의 기울기가 무엇으로 정해지더라도 상관이 없다. 만일 두 점에서의 기울기를 1이라고 한다면 PDF는 아래와 같다.

$$f(x) = \begin{cases} 0 & x < 0 \\ 1 & 0 \le x \le 1 \\ 0 & x > 1 \end{cases}$$ ■■■

정리 연속확률변수의 CDF 특성

1. $F(x)$는 최소값이 0이고 최대값이 1이다.
2. $F(x)$는 x가 증가할 때 감소하지 않는 연속함수다.

이산확률변수와 마찬가지로 연속확률변수의 경우에도 CDF $F(x)$는 확률이고 x가 증가할 때 감소하지 않는 함수다. 그렇지만 이산확률변수와는 달리 연속확률변수의 $F(x)$는 x에 대한 연속함수다.

정리 연속확률변수의 PDF 특성

1. $f(x) \ge 0$
2. $P[a \le X \le b] = F(b) - F(a) = \int_a^b f(x)dx$
3. $\int_{-\infty}^{\infty} f(x)dx = 1$

이 정리에서 첫 번째 특성은 $F(x)$가 x에 대한 비(非) 감소함수이므로 그 기울기가 음수가 될 수 없다는 뜻이다.

제2절 확률분포의 주요 특성

제1항 기대값

산술평균은 자료에 있는 정량적 변수에 대한 분포의 중심위치를 측정하는 척도였다. 확률변수 X의 중심위치는 기대값(expected value)으로 측정한다.

정의 기대값

$$E(X)(\equiv\mu)=\begin{cases}\sum_{\text{all } x} x\,p(x) & \text{(이산확률변수)}\\ \int_{-\infty}^{\infty} x\,f(x)\,dx & \text{(연속확률변수)}\end{cases}$$

X의 기대값은 확률실험이 무한히 반복되었을 때 산술평균이 수렴하는 값으로 해석될 수 있다. [예 7.1]과 같이 세 개의 동전을 던졌을 때 나타나는 앞면의 수를 생각해 보자. 만일 이 확률실험을 n회 반복해서 시행한다면, i번째 시행에서 실현된 값 x_i는 0, 1, 2, 3 중 어느 하나의 숫자다. 그리고 평균 $\bar{x}$는 다음과 같이 계산될 수 있다.

$$\bar{x}=\frac{1}{n}\sum_{i=1}^{n}x_i=0\times r_0+1\times r_1+2\times r_2+3\times r_3$$

위의 표현에서 r_x는 n번의 시행 중에서 X가 x의 값으로 실현된 상대도수다. '경험적 확률' 이론에 의하면, n이 무한히 증가함에 따라 $\bar{x}$에 있는 상대도수 r_x는 PMF $p(x)$로 수렴한다.

$$\lim_{n\to\infty} r_x=p(x)$$

즉, μ는 n이 증가함에 따라 $\bar{x}$가 수렴하는 값이다.

$$\lim_{n\to\infty}\bar{x} = 0\times p(0) + 1\times p(1) + 2\times p(2) + 3\times p(3) = \mu$$

이처럼 평균이 수렴하는 값으로 μ를 이해하는 것은 X가 연속확률변수일 경우에도 마찬가지다.

|참고| 연속확률변수의 기대값

연속확률변수 X의 기대값은 개념적으로 이산확률변수의 경우와 다르지 않다. 다만 Σ 대신 $\int$가 사용되었고, $p(x)$ 대신 $f(x)dx$가 사용되었을 뿐이다.

$$\Sigma \leftrightarrow \int, \quad p(x) \leftrightarrow f(x)dx$$

연속확률변수의 기대값 $\int_{-\infty}^{\infty} x f(x)dx$는 $(-\infty, \infty)$의 영역을 수많은 구간 $[x, x+dx]$으로 세분하고 각 구간에서 '$x f(x)dx$'의 값을 모두 합한 값이라는 의미다. 그리고 $f(x)dx$는 해당 구간에서의 확률로 해석될 수 있다.

$$f(x) \approx \frac{F(x+dx) - F(x)}{dx} \quad \Rightarrow \quad f(x)dx \approx F(x+dx) - F(x)$$

$$F(x+dx) - F(x) = P[x < X \le x + dx]$$

[예 7.1]에 있는 이산확률변수의 기대값 1.5는 확률실험을 아무리 많이 반복하더라도 절대로 실현될 수 없는 값이다. 그러나 이 값은 PMF의 중심위치다. 그리고 [예 7.3]에 있는 연속확률변수의 기대값 0.5는 PDF의 중심위치다. 이처럼 확률변수의 기대값이 분포의 중심이라는 것은 평균이 자료의 중심위치를 나타내는 척도라는 것과 같다. 이에 따라 X의 기대값을 'X의 평균' 또는 'X의 분포의 중심'이라 부르기도 한다. 확률변수 X를 변환한 함수에 대한 기대값도 마찬가지 방법으로 정의할 수 있다.

정의 함수의 기대값

$$E[g(X)] = \begin{cases} \sum_{\text{all } x} g(x)\,p(x) & (\text{이산확률변수}) \\ \int_{-\infty}^{\infty} g(x)\,f(x)\,dx & (\text{연속확률변수}) \end{cases}$$

예 7.5 (예 7.1 계속)

동전을 세 개 던져 나타나는 앞면의 수의 100배에 해당하는 상금을 받는 게임을 한다고 하자. 게임의 참가비를 50원이라 할 때, 이 게임의 기대수익을 계산하라.

앞면의 수를 X라 한다면, 이 게임에서 받는 수익은 $g(X)$로 나타낼 수 있다.

$$X \Rightarrow g(X) = 100 \cdot X - 50$$

따라서,

$$E[g(X)] = (100 \times 0 - 50) \times \frac{1}{8} + (100 \times 1 - 50) \times \frac{3}{8} + (100 \times 2 - 50) \times \frac{3}{8} + (100 \times 3 - 50) \times \frac{1}{8} = 100$$

■■■

정리 선형함수와 비선형함수의 기대값

확률변수 X를 변환한 함수를 $g(X)$라 하자. 만일 $g(X)$가 비선형인 경우, 일반적으로

$$E[g(X)] \neq g(E[X])$$

그러나 $g(X)$가 선형인 경우에는 두 값이 동일하다 즉,

$$g(X) = a + b \cdot X \Rightarrow E[g(X)] = g(E[X]) = a + b \cdot E(X)$$

[예 7.5]에서 도출한 기대값 100은 $E[g(X)]$의 정의를 사용하여 계산한 결과다. 그런데 이 값은 $g(E[X])$와 같다.

$$g(E[X]) = 100 \times E(X) - 50 = 100 \times 1.5 - 50 = 100$$

이는 $g(X)$가 선형함수일 경우 $E[g(X)]$와 $g(E[X])$의 값은 동일하다는 것을 확인해주는 것이다. 그렇지만, '$g(X) = X^2$'와 같은 비선형함수일 경우에는 $E[g(X)]$는 $g(E[X])$와 다르다.

$$E[g(X)] = E[X^2] = 0^2 \times \frac{1}{8} + 1^2 \times \frac{3}{8} + 2^2 \times \frac{3}{8} + 3^2 \times \frac{1}{8} = 3$$

$$g(E[X]) = (E[X])^2 = (1.5)^2$$

제2항 분산과 표준편차

표본의 분산과 표준편차는 자료에서 정량적 변수의 변동성을 측정하는 척도다. 이와 유사하게 확률변수의 변동성을 측정하는 척도로 분산과 표준편차를 정의할 수 있다.

정의 분산과 표준편차

(분산) $V(X)(\equiv \sigma^2) = E[(X-\mu)^2]$

(표준편차) $\sigma = \sqrt{V(X)}$

분산이 크다는 것은 X가 μ에서 멀리 떨어져 있는 값으로 실현될 가능성이 그만큼 더 크다는 뜻이다. 즉, PMF 또는 PDF가 더 넓을수록 분산이 더 크다.

참고로 X의 분산은 $(X-\mu)$를 제곱한 함수의 기대값이다.

$$g(X) = (X-\mu)^2 \Rightarrow V(X) = E[g(X)]$$

그림 7.1 분산의 크기와 변동성

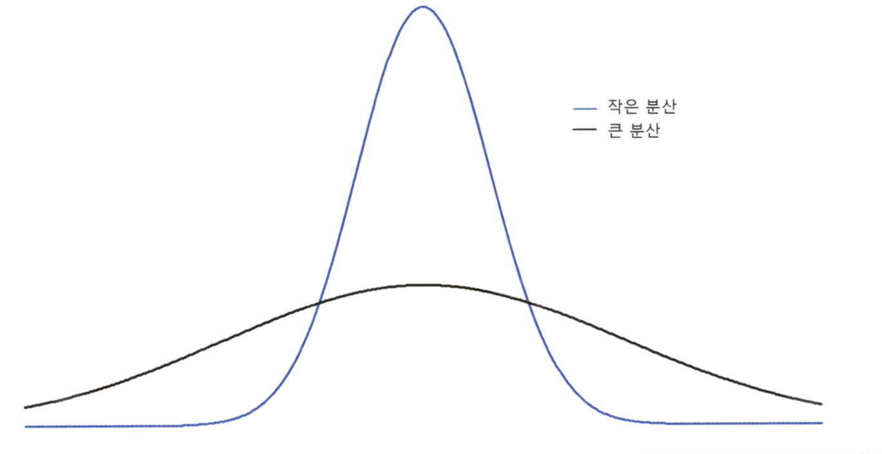

따라서 함수의 기대값에 관한 정의를 사용하여 분산을 계산할 수 있다. 그러나 대개의 경우에는 아래의 식을 사용하여 분산을 더 수월하게 계산할 수 있다.

$$V(X) = E(X^2) - \mu^2$$

예 7.6 (예 7.1 계속)

X의 분산을 구하라.

$$E(X) = 1.5, \quad E(X^2) = 0^2 \times \frac{1}{8} + 1^2 \times \frac{3}{8} + 2^2 \times \frac{3}{8} + 3^2 \times \frac{1}{8} = 3$$

$$\Rightarrow \ V(X) = 3 - (1.5)^2 = 0.75$$

■■■

제3절 주요 확률변수의 확률분포

제1항 이산확률변수

(1) 베르누이 분포

동전 던지기와 같이 두 가지 결과 중 어느 한 가지가 반드시 발생하는 확률실험을 베르누이(Bernoulli) 시행이라 한다. 통상 베르누이 시행에서의 어느 한 결과를 성공이라 하고 다른 결과를 실패라 한다. 베르누이 확률변수는 베르누이 시행에서 성공하면 1, 실패하면 0을 대응시킨 이산확률변수다.

정의 베르누이 분포

$$X \sim Bernoulli(p) \iff P[X=x]=p^x(1-p)^{1-x} \quad (x=0,\ 1)$$

여기에서 p는 성공할 확률 $P[X=1]$을 나타낸다.

정리 베르누이 확률변수의 평균과 분산

$$X \sim Bernoulli(p) \Rightarrow E(X)=p \quad \text{그리고} \quad V(X)=p(1-p)$$

참고로 Data2018에 있는 "*regular*"는 근로자가 정규직이면 1이고 비정규직이면 2로 기록되어 있는 정성적 변수다. 비록 2개의 범주만 있지만 "*regular*" 자체는 베르누이 확률변수가 아니다. 그렇지만 하나의 범주에 1을 대응시키고 다른 하나의 범주에 0을 대응시킨 변수 X는 베르누이 확률변수다. 즉,

$$X=1 \iff (regular=1), \quad X=0 \iff (regular=2)$$

(2) 이항분포

만일 성공확률이 p인 베르누이 시행을 n번 반복해서 시행한다면, 성공한 횟수는 0부터 n까지 $(n+1)$가지의 정수로 실현될 수 있는 이산확률변수다. 이 확률변수는 n개의 베르누이 확률변수들을 합한 것으로 나타낼 수 있다.

$$X = \sum_{i=1}^{n} X_i$$

단, X_i는 i번째 베르누이 확률변수다.

$$X_i \sim Bernoulli(p) \quad i = 1, 2, \cdots, n$$

'$X=x$'$(x=0, 1, \cdots, n)$라는 것은 n번의 베르누이 시행에서 x번 성공하고 $(n-x)$번 실패했다는 의미다. 즉, n개의 베르누이 확률변수 X_i들 중에서 x개가 1로 실현되고 나머지 $(n-x)$개가 0으로 실현된 것이다. 그와 같은 경우의 수는 n개 중에서 x개를 뽑는 조합(combination)이다.

$$\binom{n}{x} = \frac{n!}{x!\,(n-x)!}$$

따라서 n개의 베르누이 확률변수들이 모두 상호독립이라 가정하면 $P(X=x)$를 도출할 수 있다. 이를 이항확률변수(binomial random variable)라 한다.

정의 이항분포

$$X \sim Binomial(n, p) \;\Leftrightarrow\; P(X=x) = \binom{n}{x} p^x (1-p)^{n-x}, \quad x = 0, 1, \cdots, n$$

[예 7.1]의 X는 '$n=3$'이고 '$p=1/2$'인 이항확률변수다. 따라서 $P(X=1)$은 3/8이다.

$$P(X=1) = \binom{3}{1}(1/2)^1(1-1/2)^2 = 3/8$$

만일 n이 크고 p가 1/2과 다르다면, 이항확률변수의 PDF를 계산하는 것은 수월하지 않을 것이다. 그러나 다음의 정리에서 볼 수 있듯이 이항확률변수의 평균과 분산은 쉽게 계산할 수 있다.

정리 이항확률변수의 평균과 분산

$$X \sim Binomial(n, p) \Rightarrow E(X) = np \quad \& \quad V(X) = np(1-p)$$

이항확률변수의 PMF는 n과 p에 의해 결정된다. '$p=0.5$'인 경우에는 좌우대칭이다. 그리고 '$p<0.5$'인 경우의 PMF는 우측으로 기울어진 모습이며, 반대로 '$p>0.5$'인 경우에는 좌측으로 기울어진 모습이다. 그렇지만 [그림 7.2]에서도 볼 수 있듯이, n이 증가하면서 p의 값이 0.5와 다르더라도 분포의 비대칭도가

그림 7.2 이항확률변수의 PMF

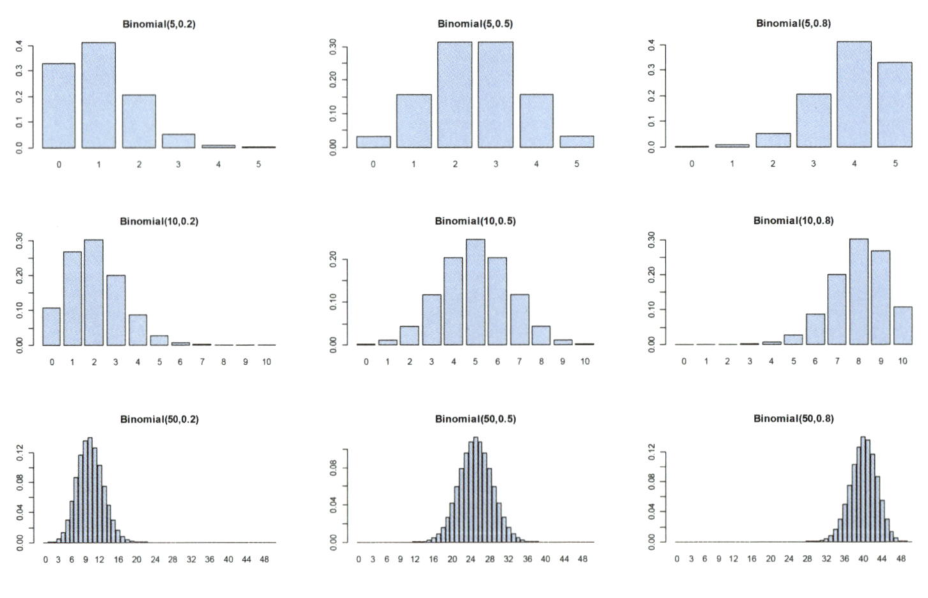

점차 감소하여 좌우 대칭의 종모양(bell-shaped) 분포의 형태로 수렴한다.

(3) 포아송 분포

우리나라에서 1년 동안 신규로 창업한 기업의 수, 서울과 수도권에서 하루 동안 교통사고 발생 건수 등은 0 이상의 정수값으로 실현될 수 있는 이산확률변수다. 이처럼 일정한 시간과 공간 안에 특정 사건의 발생 횟수를 나타내기 위해 만들어진 분포를 포아송 분포(Poisson distribution)라 한다.

정의 포아송 분포

$$X \sim Poisson(\lambda) \Leftrightarrow P(X=x) = \frac{\lambda^x e^{-\lambda}}{x!} \quad x = 0,\ 1,\ 2,\ \cdots$$

포아송 분포에서 λ('lambda')는 평균적인 사건발생 횟수를 나타낸다. 분포의 형태는 대체로 우측으로 기울어져 있는 모습이며, 비대칭도의 크기는 λ에 반비례한다.

정리 포아송 확률변수의 평균과 분산

$$X \sim Poisson(\lambda) \Rightarrow E(X) = \lambda \quad \text{그리고} \quad V(X) = \lambda$$

제2항 연속확률변수

(1) 균등분포

구간 $[a, b]$ (단, $a < b$)에 있는 모든 실수값이 동일한 가능성으로 실현될 수 있는 연속확률변수의 분포를 균등분포(uniform distribution)라 한다.

정의 균등분포

$$X \sim Uniform(a,\ b) \iff f(x) = \begin{cases} \dfrac{1}{b-a} & a \le x \le b \\ 0 & x < a,\ x > b \end{cases}$$

PDF $f(x)$는 $[a,\ b]$의 구간에서 높이가 $1/(b-a)$인 수평선이다. 그리고 그 값은 해당 구간에서 CDF $F(x)$의 기울기와 같다.

$$f(x) = \begin{cases} 0 & x < a \\ \dfrac{1}{b-a} & a \le x \le b \\ 0 & x > b \end{cases} \quad \text{그리고} \quad F(x) = \begin{cases} 0 & x < a \\ \dfrac{x-a}{b-a} & a \le x \le b \\ 1 & x > b \end{cases}$$

참고로 [예 7.3]에서 기차를 기다리는 시간은 a가 0이고 b가 1인 균등확률변수다.

정리 균등분포의 기대값과 분산

$$X \sim Uniform(a,\ b) \ \Rightarrow \ E(X) = \int_a^b \left(\frac{x}{b-a}\right) dx = \frac{a+b}{2}$$

$$V(X) = \frac{(b-a)^2}{12}$$

(2) 지수분포

어떤 기업이 국세청에 창업을 등록한 이후 바로 다음 신생기업이 발생할 때까지 소요되는 시간이 1주일 이내일 확률은 얼마나 될까? 지수분포(Exponential distribution)는 이처럼 특정 사건이 다시 발생할 때까지 소요되는 시간에 관한 확률을 모형화하기 위해 개발된 분포다. 지수분포는 연속확률변수의 분포이지만, 이산확률변수의 포아송 분포와 매우 밀접하게 연결되어 있다. 즉, 주어진 시공간에서 특정 사건의 발생 횟수가 포아송 분포를 따른다면, 이 사건이 발생한 직후부터 다음 번에 이 사건이 다시 발생할 때까지 소요되는 시간이 바로 지수분포인 것이다.

정의 지수분포

$$X \sim Exponential(\lambda) \iff f(x) = \begin{cases} \lambda e^{-\lambda x} & x \ge 0 \\ 0 & x < 0 \end{cases}$$

여기에서 λ는 포아송 분포의 경우와 마찬가지로 평균적인 사건의 발생횟수를 나타낸다. 따라서 λ가 클수록 사건이 다시 발생할 때까지 소요되는 시간은 평균적으로 더 짧아져야 한다. 즉, X의 평균은 λ에 반비례하는 값이다.

정리 지수분포의 평균과 분산

$$X \sim Exponential(\lambda) \Rightarrow E(X) = 1/\lambda \quad \text{그리고} \quad V(X) = 1/\lambda^2$$

(3) 정규분포

연속확률변수의 확률분포로 가장 많이 사용되는 것은 정규분포(normal distribution)다.

정의 정규분포

$$X \sim N(\mu, \sigma^2) \iff f(x) = \frac{1}{\sqrt{2\pi}\,\sigma} \exp\left\{-\frac{1}{2}\left(\frac{x-\mu}{\sigma}\right)^2\right\} \quad (-\infty < x < \infty)$$

정규분포의 PDF $f(x)$는 좌우대칭이고 종모양(bell-shaped)으로 생겼다. 그리고 분포의 중심위치는 μ와 같고, 분포의 너비는 표준편차 σ에 의해 결정된다.

정리 정규분포의 평균과 분산

$$X \sim N(\mu, \sigma^2) \Rightarrow E(X) = \mu \quad \text{그리고} \quad V(X) = \sigma^2$$

표준정규분포(standard normal distribution)는 '$\mu = 0$'이고 '$\sigma = 1$'에 해당하는 정규분포다. 표준정규확률변수는 워낙 많이 사용되므로 다른 확률변수들과 구분할 필요에서 통상 Z로 표시한다. 그리고 Z의 PDF와 CDF는 각각 $\phi(z)$와 $\Phi(z)$로 표시한다.

$$Z \sim N(0, 1) \Rightarrow \phi(z) = \frac{1}{\sqrt{2\pi}} e^{-\frac{z^2}{2}}, \quad \Phi(z) = P[Z \le z] \quad (-\infty < z < \infty)$$

PDF $\phi(z)$는 0을 중심으로 좌우 대칭이고 중심에서 가장 높은 값을 가지며 z가 0에서 멀어질수록 급속히 감소하여 0으로 수렴하는 종모양(bell-shaped)이다. 그리고 CDF $\Phi(z)$는 0을 변곡점으로 S자 형태로 증가하는 모습이다. 이와 같은 분포의 형태는 [그림 7.3]에서 확인할 수 있다. 참고로 이 그림에서 CDF $\Phi(z)$의 기울기가 $(-\infty, 0)$의 구간에서 증가한다는 것은 이 구간에서 PDF $\phi(z)$가 z의 증가함수라는 것과 같은 의미다. 마찬가지로 $\Phi(z)$의 기울기가 $(0, \infty)$의 구간에서 감소한다는 것은 그 구간에서 $\phi(z)$가 z의 감소함수라는 것과 같은 의미다.

CDF $\Phi(z)$는 $(-\infty, z]$ 구간의 확률이다. 그리고 이 값은, [그림 7.4]에 표시되어 있듯이, $(-\infty, z]$의 구간에서 $\phi(z)$가 0보다 큰 부분의 면적과 같다. 즉,

$$\Phi(z) = \int_{-\infty}^{z} \phi(t)\,dt$$

아쉽게도 $\Phi(z)$을 폐쇄형 함수(closed form function)로 표현할 수는 없지만, 통

그림 7.3 표준정규분포의 형태

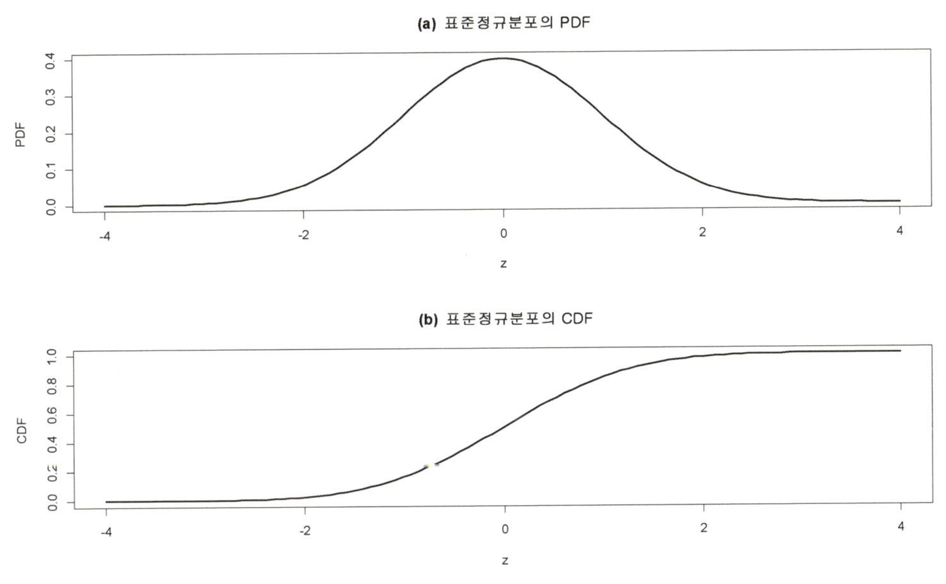

그림 7.4 표준정규분포의 확률

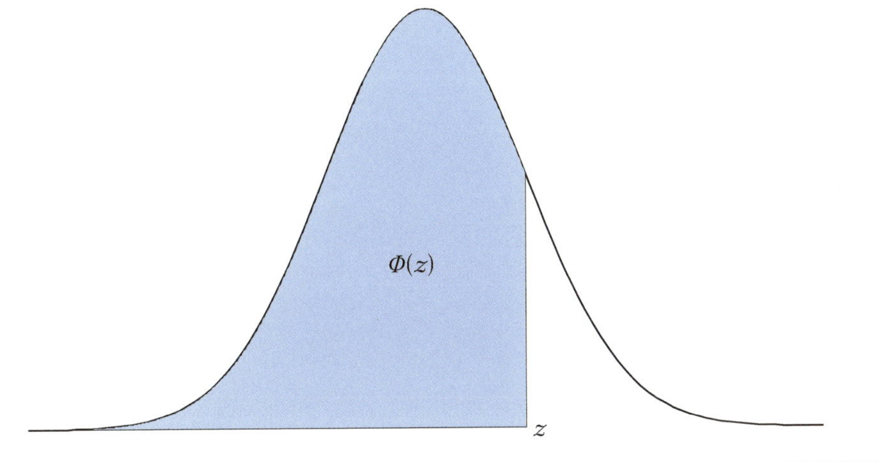

계프로그램을 사용하면 $\Phi(z)$의 값을 바로 도출할 수 있다. 참고로 [부록]의 표에 0부터 3.69까지의 z에서 $\Phi(z)$를 미리 계산한 결과를 정리해 놓았다. 예컨대, 이 표에서 $\Phi(1)$은 0.8413으로 찾을 수 있다. 만일 z가 음수일 경우에는 $\phi(z)$가 좌우 대칭이라는 사실을 이용하여 $\Phi(z)$의 값을 계산할 수 있다.

$$\Phi(0) = 0.5, \quad \Phi(z) = 1 - \Phi(-z)$$

따라서, $\Phi(-1)$은 [부록]의 표에는 없지만 다음과 같이 계산할 수 있다.

$$z = -1 \Rightarrow \Phi(-1) = 1 - \Phi(1) = 1 - 0.8413 = 0.1587$$

표준정규분포의 주요 백분위수

표준정규분포에서 우측 꼬리 부분의 확률 α에 해당하는 값은 통상 z_α로 표시된다.

$$\alpha = P[Z > z_\alpha] = 1 - \Phi(z_\alpha)$$

그림 7.5 표준정규분포의 주요 백분위수

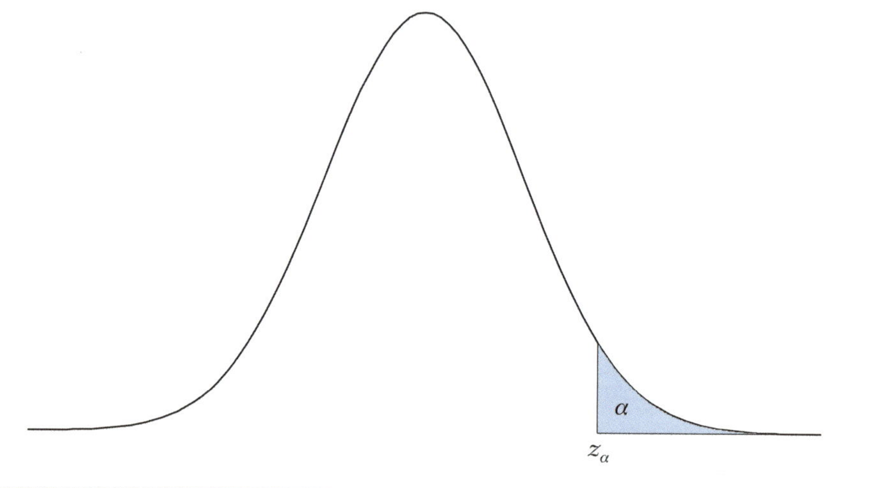

참고로 z_α는 표준정규분포에서 하위 $(1-\alpha)100\%$에 해당하는 백분위수다. 예컨대, 하위 95%(상위 5%)에 해당하는 백분위수는 1.645다. 표준정규분포에서 자주 사용되는 α와 z_α의 값을 다음의 표에 정리하였다.

α	z_α
0.05	1.645
0.025	1.960
0.01	2.326
0.005	2.576

표준화와 비표준화

기대값이 μ이고 표준편차가 σ인 정규확률변수 X를 표준화(standardization)하면 표준정규확률변수가 된다. 즉,

$$Z=\frac{X-\mu}{\sigma}\sim N(0,\ 1)$$

표준정규분포의 경우와 마찬가지로 일반 정규분포의 CDF $F(x)$를 폐쇄형 함수 형태로 나타낼 수 없다. 그렇지만, X를 표준화한 후 $\Phi(z)$에 대한 표를 사용하면 $F(x)$ 값을 계산할 수 있다.

$$F(x)=\Pr[X\le x]=\Pr\left[\frac{X-\mu}{\sigma}\le\frac{x-\mu}{\sigma}\right]=\Phi\left(\frac{x-\mu}{\sigma}\right)$$

예컨대, $X\sim N(50,\ 5^2)$일 경우

$$P[40<X<55]=F(55)-F(40)=\Phi\left(\frac{55-50}{5}\right)-\Phi\left(\frac{40-50}{5}\right)=0.8185$$

한편, 표준정규확률변수 Z에서 일반적인 정규확률변수 X를 도출하는 과정을 비표준화(unstandardization)라 하는데, 이는 표준화와는 정반대의 선형 변환이다.

$$X = \mu + \sigma \cdot Z$$

▍정규분포와 경험의 법칙

확률변수 X가 평균이 μ이고 표준편차가 σ인 정규분포라 할 때, μ로부터 표준편차의 $d(=1,\ 2,\ 3)$배의 구간 안에 속할 확률은 아래와 같다.

$$P[|X-\mu| \le d \cdot \sigma] = P\left[\left|\frac{X-\mu}{\sigma}\right| \le d\right] = 2 \cdot \Phi(d) - 1$$

d	$P[\|X-\mu\| \le d \cdot \sigma]$
1	0.683
2	0.954
3	0.997

앞에서 소개했던 경험의 법칙은 종모양의 히스토그램에 잘 적용될 수 있다. 그런데 정규분포의 PDF가 종모양의 히스토그램과 유사한 모습이므로 경험의 법칙과 정규분포가 잘 들어 맞는 것은 당연하다.

▍연속확률변수가 정규분포를 따른다는 가정에 대한 평가

정규분포는 연속확률변수의 확률분포를 설명할 때 가장 많이 사용된다. 그렇지만 실제 데이터에 있는 연속확률변수 중에서 정규분포를 따른다고 자신있게 말할 수 있는 변수는 없다.

그렇지만 많은 실증연구에서는 연속확률변수들이 정규분포를 따른다는 가정을 많이 한다. 만일 정규분포의 가정이 옳지 않다면, 정규분포를 가정하고 도출한 실증연구의 결과는 틀릴 수 있다.

▍이항분포의 근사

이항분포의 모습은 n이 충분히 클 경우 p와 상관없이 좌우대칭의 종모양이다.

예컨대, [그림 7.2]에서도 확인할 수 있었듯이, '$n=50$'와 '$p=0.8$'인 이항확률변수 X의 분포는 종모양이었다. 그런데 n이 크고 p가 0.5와 다른 값인 경우, 계산기의 도움 없이 PDF나 CDF의 값을 계산하는 것은 수월하지 않다. 다행히도 n이 충분히 클 경우에는 X의 분포를 종모양의 정규분포에 근사시킬 수 있으므로 이 값들을 비교적 쉽게 구할 수 있다. 즉, X의 분포는 $Y \sim N(\mu, \sigma^2)$에 근사될 수 있다. 단,

$$\mu = np, \quad \sigma^2 = np(1-p)$$

따라서

$$\begin{aligned} P(X=x) &= P(x-0.5 < X < x+0.5) \\ &\approx P(x-0.5 < Y < x+0.5) = P[Y \le x+0.5] - P[Y \le x-0.5] \\ P(X \le x) &\approx P[Y \le x+0.5] \end{aligned}$$

위에서 '0.5'를 더하거나 차감하는 이유는 X는 이산확률변수이지만 Y는 연속확률변수이기 때문이다. 이를 연속수정(continuity correction)이라 한다. 예컨대, '$n=50$'이고 '$p=0.8$'인 경우, '$x=40$'에서 X와 Y의 확률이 서로 비슷하다는 것을 알 수 있다.

$$P(X=40) = 0.1398, \quad P[Y \le 40+0.5] - P[Y \le 40-0.5] = 0.1403$$
$$P(X \le 40) = 0.5563, \quad P[Y \le 40+0.5] = 0.5702$$

이산확률변수의 분포를 연속확률변수의 정규분포로 근사시킬 수 있는 이유는 중심극한정리를 적용할 수 있기 때문이다.[1]

1 중심극한정리에 대해서는 뒤의 제10장에서 보다 상세하게 설명될 것이다.

부록 • 표준정규분포의 CDF

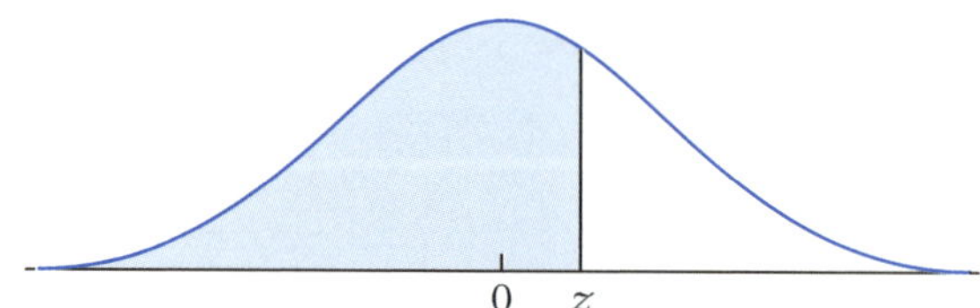

z	0.00	0.01	0.02	0.03	0.04	0.05	0.06	0.07	0.08	0.09
0.0	.5000	.5040	.5080	.5120	.5160	.5199	.5239	.5279	.5319	.5359
0.1	.5398	.5438	.5478	.5517	.5557	.5596	.5636	.5675	.5714	.5753
0.2	.5793	.5832	.5871	.5910	.5948	.5987	.6026	.6064	.6103	.6141
0.3	.6179	.6217	.6255	.6293	.6331	.6368	.6406	.6443	.6480	.6517
0.4	.6554	.6591	.6628	.6664	.6700	.6736	.6772	.6808	.6844	.6879
0.5	.6915	.6950	.6985	.7019	.7054	.7088	.7123	.7157	.7190	.7224
0.6	.7257	.7291	.7324	.7357	.7389	.7422	.7454	.7486	.7517	.7549
0.7	.7580	.7611	.7642	.7673	.7704	.7734	.7764	.7794	.7823	.7852
0.8	.7881	.7910	.7939	.7967	.7995	.8023	.8051	.8078	.8106	.8133
0.9	.8159	.8186	.8212	.8238	.8264	.8289	.8315	.8340	.8365	.8389
1.0	.8413	.8438	.8461	.8485	.8508	.8531	.8554	.8577	.8599	.8621
1.1	.8643	.8665	.8686	.8708	.8729	.8749	.8770	.8790	.8810	.8830
1.2	.8849	.8869	.8888	.8907	.8925	.8944	.8962	.8980	.8997	.9015
1.3	.9032	.9049	.9066	.9082	.9099	.9115	.9131	.9147	.9162	.9177
1.4	.9192	.9207	.9222	.9236	.9251	.9265	.9279	.9292	.9306	.9319
1.5	.9332	.9345	.9357	.9370	.9382	.9394	.9406	.9418	.9429	.9441
1.6	.9452	.9463	.9474	.9484	.9495	.9505	.9515	.9525	.9535	.9545
1.7	.9554	.9564	.9573	.9582	.9591	.9599	.9608	.9616	.9625	.9633
1.8	.9641	.9649	.9656	.9664	.9671	.9678	.9686	.9693	.9699	.9706
1.9	.9713	.9719	.9726	.9732	.9738	.9744	.9750	.9756	.9761	.9767
2.0	.9772	.9778	.9783	.9788	.9793	.9798	.9803	.9808	.9812	.9817
2.1	.9821	.9826	.9830	.9834	.9838	.9842	.9846	.9850	.9854	.9857
2.2	.9861	.9864	.9868	.9871	.9875	.9878	.9881	.9884	.9887	.9890
2.3	.9893	.9896	.9898	.9901	.9904	.9906	.9909	.9911	.9913	.9916
2.4	.9918	.9920	.9922	.9925	.9927	.9929	.9931	.9932	.9934	.9936
2.5	.9938	.9940	.9941	.9943	.9945	.9946	.9948	.9949	.9951	.9952
2.6	.9953	.9955	.9956	.9957	.9959	.9960	.9961	.9962	.9963	.9964
2.7	.9965	.9966	.9967	.9968	.9969	.9970	.9971	.9972	.9973	.9974
2.8	.9974	.9975	.9976	.9977	.9977	.9978	.9979	.9979	.9980	.9981
2.9	.9981	.9982	.9982	.9983	.9984	.9984	.9985	.9985	.9986	.9986
3.0	.9987	.9987	.9987	.9988	.9988	.9989	.9989	.9989	.9990	.9990
3.1	.9990	.9991	.9991	.9991	.9992	.9992	.9992	.9992	.9993	.9993
3.2	.9993	.9993	.9994	.9994	.9994	.9994	.9994	.9995	.9995	.9995
3.3	.9995	.9995	.9995	.9996	.9996	.9996	.9996	.9996	.9996	.9997
3.4	.9997	.9997	.9997	.9997	.9997	.9997	.9997	.9997	.9997	.9998
3.5	.9998	.9998	.9998	.9998	.9998	.9998	.9998	.9998	.9998	.9998
3.6	.9998	.9998	.9999	.9999	.9999	.9999	.9999	.9999	.9999	.9999

Chapter

8

두 확률변수의 확률분포

제1절 결합 확률분포

하나의 확률변수의 분포 특성을 파악하는 것보다는 여러 확률변수들 간의 관계를 분석하는 것이 더 유익한 경우가 많다. 예컨대, 근로자의 성(性)과 근로형태 간에는 어떠한 관계가 있는지, 교육수준과 근로형태 간에는 어떤 관계가 있는지, 근로자의 나이와 급여 간에는 어떠한 관계가 있는지 등등을 분석하는 것은 고용정책에서 매우 중요한 연구주제다. 이와 같은 배경에서 여러 확률변수들의 결합 확률분포와 그 특성에 대해 살펴보기로 한다.

제1항 결합 PMF와 결합 PDF

두 확률변수 (X, Y)의 결합 확률분포는 결합 CDF를 사용하여 나타낼 수 있다.

$$F_{XY}(x, y) = P(X \leq x, Y \leq y)$$

그리고 결합 PMF를 사용하여 결합 확률분포를 나타낼 수도 있다. 그렇지만 결합 PMF는 X와 Y를 어느 하나가 연속확률변수일 경우 아무런 의미가 없다. 이에 따라 일단 (X, Y)가 모두 이산확률변수라 가정하자.

편의상, X는 $(x_1, x_2, \cdots, x_K)$와 같이 K개의 값으로 실현될 수 있고, Y는 $(y_1, y_2, \cdots, y_L)$과 같이 L개의 값으로 실현될 수 있다고 하자. 두 이산확률변수의 결합 PMF는 두 사건 $A = \{X = x_k\}$와 $B = \{Y = y_l\}$의 결합확률이다.

표 8.1 결합 PMF

(x_k, y_l)	y_1	y_2	$\cdots$	y_L	
x_1	$p_{XY}(x_1, y_1)$	$p_{XY}(x_1, y_2)$	$\cdots$	$p_{XY}(x_1, y_L)$	$p_X(x_1)$
x_2	$p_{XY}(x_2, y_1)$	$p_{XY}(x_2, y_2)$	$\cdots$	$p_{XY}(x_2, y_L)$	$p_X(x_2)$
$\vdots$	$\vdots$	$\vdots$	$\vdots$	$\vdots$	$\vdots$
$\vdots$	$\vdots$	$\vdots$	$\vdots$	$\vdots$	$\vdots$
x_K	$p_{XY}(x_K, y_1)$	$p_{XY}(x_K, y_2)$	$\cdots$	$p_{XY}(x_K, y_L)$	$p_X(x_K)$
	$p_Y(y_1)$	$p_Y(y_2)$	$\cdots$	$p_Y(y_L)$	1

$$p_{XY}(x_k, y_l) = P(X = x_k, Y = y_l), \quad k = 1, 2, \cdots, K, \quad l = 1, 2, \cdots, L$$

그리고 이 확률들은 〈표 8.1〉에서와 같이 이원분류표로 나타낼 수 있다.

이 표에서 우측 끝에 있는 값들은 해당 행에 있는 모든 결합확률들을 합한 X의 한계 PMF이고, 하단에 있는 값들은 해당 열의 결합확률들을 합한 Y의 한계 PMF를 나타낸다. 즉,

X의 한계 PMF: $p_X(x_k) = \sum_{l=1}^{L} p_{XY}(x_k, y_l) = P(X = x_k), \quad k = 1, 2, \cdots, K$

Y의 한계 PMF: $p_Y(y_l) = \sum_{k=1}^{K} p_{XY}(x_k, y_l) = P(Y = y_l), \quad l = 1, 2, \cdots, L$

그리고 두 한계 PMF를 모두 합한 값은 1이다. 물론 이 값은 결합 PDF를 모두 합한 값과도 같아야 한다.

$$\sum_{k=1}^{K} p_X(x_k) = \sum_{l=1}^{L} p_Y(y_l) = \sum_{k=1}^{K}\sum_{l=1}^{L} p_{XY}(x_k, y_l) = 1$$

예 8.1

두 베르누이 확률변수 X와 Y의 결합 PMF가 아래의 이원분류표와 같다고 하자. X와 Y 각각의 한계분포를 구하라.

PDF		Y	
		0	1
X	0	0.3	0.1
	1	0.4	0.2

X의 한계분포는 *Bernoulli*(0.6)이다.

$$p_X(0) = p_{XY}(0,\ 0) + p_{XY}(0,\ 1) = 0.3 + 0.1 = 0.4$$
$$p_X(1) = p_{XY}(1,\ 0) + p_{XY}(1,\ 1) = 0.4 + 0.2 = 0.6$$

Y의 한계분포는 *Bernoulli*(0.3)이다.

$$p_Y(0) = p_{XY}(0,\ 0) + p_{XY}(1,\ 0) = 0.3 + 0.4 = 0.7$$
$$p_Y(1) = p_{XY}(0,\ 1) + p_{XY}(1,\ 1) = 0.1 + 0.2 = 0.3$$

■■■

두 확률변수 (x, y)가 모두 연속인 경우에는 결합 확률분포를 결합 PDF $f_{XY}(x, y)$를 사용하여 나타낼 수 있다. 그리고 (X, Y) 중 어느 하나가 연속이고 다른 하나가 이산확률변수인 경우에는 PDF와 PMF를 결합한 형태로 결합 확률분포를 정의할 수 있다.[1]

두 확률변수의 결합 확률분포로부터 각 변수들의 한계 확률분포를 도출할 수는 있다. 하지만, 그와 반대로 한계 확률분포에서 결합 확률분포를 도출하는 것은 일반적으로 불가능하다. 두 확률변수들의 관계에 관한 확률적 정보가 한계 확률분포에 포함되어 있지 않기 때문이다. 그러나 예외적으로 두 확률변수들이 서로 독립(independence)인 경우에는 한계 확률분포로부터 결합 확률분포를 도출할 수 있다.

1 두 확률변수가 모두 연속이거나 어느 하나만 연속인 경우의 결합 확률분포에 대한 논의는 부록을 참조하라.

정의 확률변수의 독립

두 확률변수 (X, Y)의 결합 확률분포가 X의 한계 확률분포와 Y의 한계 확률분포를 곱한 값과 같다면, X와 Y를 상호독립이라 한다.

만일 (X, Y)가 모두 이산확률변수인 경우에는 실현 가능한 모든 (x, y)에서 결합 PMF가 두 한계 PMF들의 곱과 같을 때를 독립이라 한다. 즉,

$$p_{XY}(x, y) = p_X(x) \cdot p_Y(y)$$

만일 두 변수가 독립이 아니라면 특정 (x, y)에서 위의 등식이 성립하지 않는다.

예 8.2 (예 8.1 계속)

앞의 [예 8.1]에 있는 두 베르누이 확률변수 X와 Y는 상호독립인가?

X와 Y는 상호독립이 아니다. $(x, y) = (1,\ 1)$일 경우 등식이 성립하지 않기 때문이다.

$$p_{XY}(1,\ 1) = 0.2\ \neq\ p_X(1) \cdot p_Y(1) = 0.18$$

■■■

제2항 결합 확률분포의 특성

하나의 확률변수의 함수에 대한 기대값을 정의했던 것과 마찬가지로 두 확률변수의 함수 $g(X, Y)$의 기대값도 결합 확률분포를 사용하여 정의할 수 있다. 만일 (X, Y)가 모두 이산확률변수인 경우,

$$E[g(X, Y)] = \sum_{\text{all } x} \sum_{\text{all } y} g(x, y) \cdot p_{XY}(x, y)$$

단, $p_{XY}(x, y)$는 (X, Y)의 결합 PMF다. 물론 X 또는 Y가 연속확률변수인 경우에도 이와 유사한 방법으로 $E[g(X, Y)]$를 계산할 수 있다.

만일 $g(X, Y)$가 X만의 함수일 경우, $E[g(X, Y)]$는 X의 한계 확률분포의 특성이다. 예컨대,

$$g(X, Y) = X \qquad \Rightarrow \quad E[g(X, Y)] = E(X)$$

$$g(X, Y) = (X - E(X))^2 \quad \Rightarrow \quad E[g(X, Y)] = V(X)$$

이러한 경우 X의 한계 확률분포만으로도 기대값이 계산될 수 있으므로 굳이 (X, Y)의 결합분포를 사용할 필요가 없다. 마찬가지로 $E(Y)$와 $V(Y)$ 등은 결합분포를 사용할 필요가 없는 Y의 한계분포의 특성이다. 그렇지만 $g(x, y)$가 X와 Y 모두의 함수인 경우에는 결합 확률분포를 사용해야만 한다. 특히, X와 Y 간의 선형관계를 측정하는 공분산(covariance)은 한계분포가 아닌 결합 확률분포를 사용해야 계산할 수 있는 결합 확률분포의 특성이다. 즉,

$$g(X, Y) = (X - E(X))(Y - E(Y)) \;\Rightarrow\; E[g(X, Y)] = \sigma_{XY}$$

정의 공분산과 상관계수

$$Cov(X, Y) \equiv \sigma_{XY} = E[(X - \mu_X)(Y - \mu_Y)]$$

$$Corr(X, Y) \equiv \rho_{XY} = \frac{\sigma_{XY}}{\sigma_X \sigma_Y}$$

참고로 자료를 기술할 때 정의했던 표본의 공분산 S_{XY}은 자료에서 두 변수 간의 선형관계를 측정하기 위해 사용한 척도다. 이와 마찬가지로 σ_{XY}도 두 확률변수 (X, Y) 간의 선형관계를 측정하기 위한 척도다. 만일 $\sigma_{XY} > 0$인 경우 (X, Y)의 결합분포는 우상향하는 모습이다. 반대로 $\sigma_{XY} < 0$일 때의 결합분포는 우하향하는 모습이다. 참고로 [그림 8.1]은 공분산의 부호에 따라 결합 확률분포의 형태가 어떻게 다른지를 볼 수 있도록 이변량 표준정규분포의 모습을 등고선으로 나타낸 그림이다.

그림 8.1 공분산의 부호와 결합 확률분포의 형태

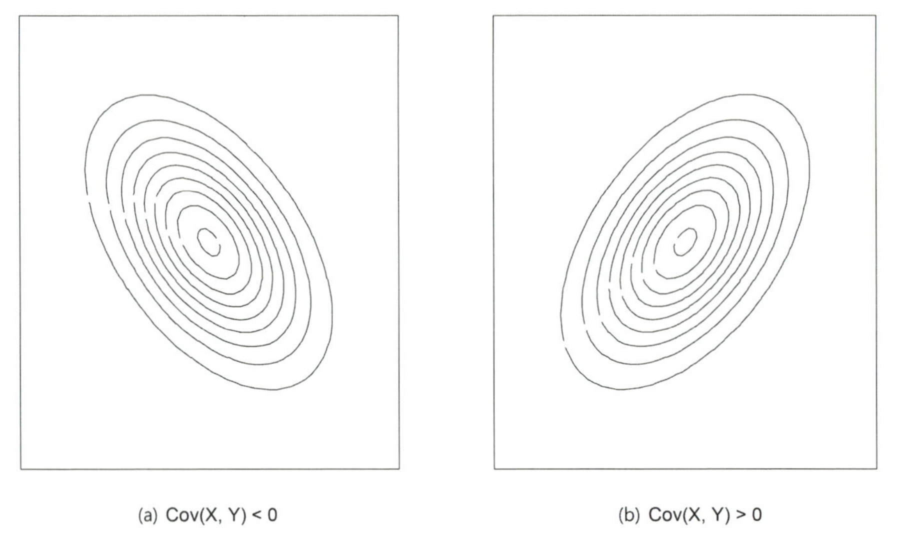

(a) Cov(X, Y) < 0　　(b) Cov(X, Y) > 0

그림 8.2 상관계수의 크기와 결합 확률분포의 형태

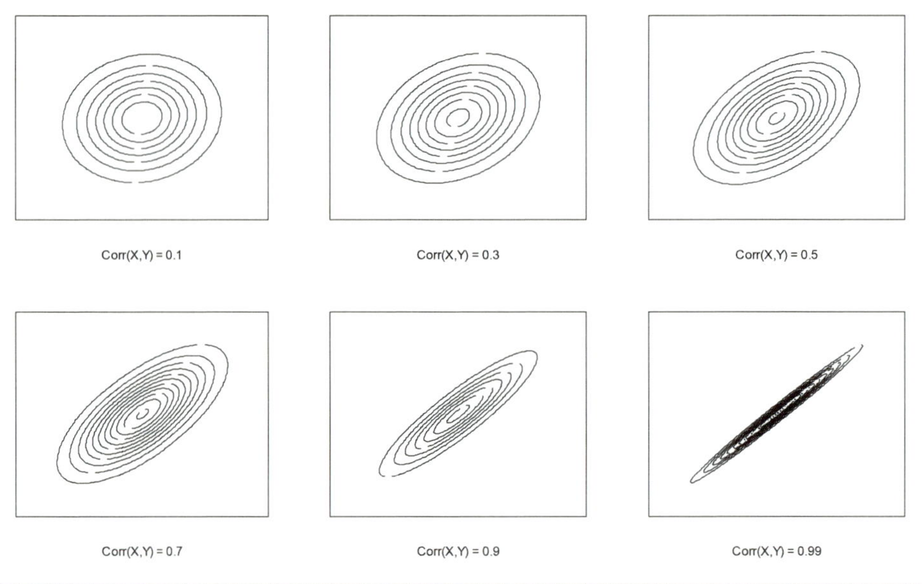

Corr(X,Y) = 0.1　Corr(X,Y) = 0.3　Corr(X,Y) = 0.5

Corr(X,Y) = 0.7　Corr(X,Y) = 0.9　Corr(X,Y) = 0.99

상관계수(correlation coefficient)는 두 변수 간의 선형관계가 얼마나 강한지를 나타내는 척도다. 상관계수의 값은 (X, Y)의 측정단위와는 무관하며 그 부호는 공분산과 같다. 표본 상관계수와 마찬가지로 ρ_{XY}도 항상 -1과 1 사이의 값이다.

$$-1 \leq \rho_{XY} \leq 1$$

[그림 8.2]에서도 볼 수 있듯이 상관계수의 크기 $|\rho_{XY}|$가 1에 가까운 값일수록 결합 확률분포는 폭이 좁고 0에 가까울수록 더 넓은 모습이다.

예 8.3 (예 8.1 계속)

[예 8.1]의 두 변수에 대한 공분산과 상관계수를 계산하라.

대개의 경우, 다음 식에 따라 분산을 편리하게 계산할 수 있다.

$$Cov(X, Y) = E(XY) - E(X) \cdot E(Y)$$

$$E(XY) = 1 \times 0.1 + 2 \times 0.2 = 0.5, \quad E(X) = 1 \times 0.2 + 2 \times 0.3 = 0.8, \quad E(Y) = 0.5$$

$$\Rightarrow Cov(X, Y) = 0.5 - 0.5 \times 0.8 = 0.1$$

$$V(X) = 1.4 - 0.64 = 0.76, \quad V(Y) = 0.25$$

$$\Rightarrow Corr(X, Y) = \frac{0.1}{\sqrt{0.76 \times 0.25}} \approx 0.23$$

■■■

두 변수 (X, Y) 간의 공분산이 0이라는 것은 두 변수 간에 선형관계가 존재하지 않는다는 의미다. 그렇지만 두 변수 간에 아무런 관계가 없다는 것은 아니다. 이를 정리하면 다음과 같다.

정리 선형관계와 독립

X와 Y가 상호독립이면, $Cov(X, Y) = 0$이다. 그렇지만 일반적으로 그 역은 성립하지 않는다. 즉, $Cov(X, Y) = 0$인 경우에도 X와 Y가 상호독립이 아닐 수 있다.

다음의 [예 8.4]는 위의 정리를 뒷받침한다.

예 8.4

X와 Y의 결합 PMF가 아래의 표와 같을 때, X와 Y의 공분산은 0이지만 독립이 아니라는 것을 확인하라.

PDF		Y	
		0	1
X	−1	0	0.3
	0	0.4	0
	1	0	0.3

$$E(XY) = -1\times 0.3 + 1\times 0.3 = 0,\quad E(X) = -1\times 0.3 + 1\times 0.3 = 0,\quad E(Y) = 0.6$$

따라서, $Cov(X, Y) = 0 - 0\times 0.6 = 0$

$$p_{XY}(0, 0) = 0.4 \neq p_X(0)\cdot p_Y(0) = 0.4\times 0.4 = 0.16$$

$\Rightarrow$ X와 Y는 독립이 아니다. ■■■

제2절 조건부 확률분포

남성 근로자들의 정규직 비중은 여성 근로자들의 정규직 비중과 다를 수 있다. 즉, 근로자의 성(性)을 X라 하고 정규직 여부를 Y라 하면, X에 따라 Y의 확률분포가 달라질 수 있는 것이다. 여기에서 X를 조건변수(conditioning variable)라 한다. 그리고 X가 주어졌을 때 Y의 확률분포를 조건부 확률분포(conditional probability distribution)라 한다.

"$X = x$"의 조건 하에서 Y의 조건부 확률분포는 Y의 유형에 따라 PMF 또는 PDF로 표현할 수 있다.

$$p_{Y|X}(y|x) \text{ 또는 } f_{Y|X}(y|x)$$

그러나 조건변수 X는 이산이든 연속이든 어떤 것이라도 상관없다.

예 8.5

다음의 이원분류표는 두 이산확률변수 (X, Y)의 결합 PDF다. $X(=0, 1, 2)$에 대한 Y의 조건부 확률분포를 구하라.

PDF		Y	
		0	1
X	0	0.3	0.2
	1	0.1	0.1
	2	0.1	0.2

Y는 0 또는 1의 값을 갖는 베르누이 확률변수다. 따라서, '$X=0$'의 조건 하에서 Y의 조건부 확률분포는

$$Y|_{X=0} \sim Bernoulli(p_0)$$

여기에서 p_0는 $\{X=0\}$의 조건 하에서 $\{Y=1\}$의 확률 2/5다.

$$p_0 = P(Y=1|X=0) = \frac{P(X=0, Y=1)}{P(X=0)} = \frac{0.2}{0.5}$$

마찬가지로

$$Y|_{X=1} \sim Bernoulli(1/2) \quad Y|_{X=2} \sim Bernoulli(2/3)$$

■■■

조건변수 X의 값이 주어졌을 때 Y의 조건부 확률분포의 중심위치는 조건부 기대값으로 측정된다. 예컨대, [예 8.5]에서 '$X=0$'일 때 Y의 조건부 확률분포의 중심위치는 0.4다.

정의 조건부 기대값

$$E[Y|X=x] = \begin{cases} \sum_{\text{모든 } y} y\, p_{Y|X}(y|x) \\ \int y\, f_{Y|X}(y|x)dy \end{cases}$$

조건부 기대값 $E[Y|X=x]$은 x에 의존하는 함수다. 즉,

$$E[Y|X=x] = m(x)$$

만일 X가 베르누이 확률변수인 경우에는 $m(x)$를 선형함수로 나타낼 수 있다.

$$m(x) = \beta_0 + \beta_1 x$$

$$\beta_0 = E[Y|X=0] \quad \& \quad \beta_1 = E[Y|X=1] - E[Y|X=0]$$

그렇지만 X가 베르누이 확률변수가 아닌 경우 $m(x)$는 일반적으로 x에 대한 선형함수가 아니다. 예컨대, [예 8.5]에서 '$m(0)=2/5$, $m(1)=1/2$, $m(2)=2/3$'이므로 세 점 (0, $m(0)$), (1, $m(1)$), (2, $m(2)$)이 동일직선 상에 놓여 있지 않다는 사실을 어렵지 않게 확인할 수 있다. 즉, [예 8.5]의 $m(x)$는 x에 대한 선형함수가 아니다.

조건부 분포의 변동성은 조건부 분산으로 측정될 수 있다.

정의 조건부 분산

$$V[Y|X=x] = E[(Y - E[Y|X=x])^2]$$

조건부 분산 $V[Y|X=x]$도 일반적으로 x의 함수다. 조건부 분산이 x에 상관없이 일정한 경우를 동분산(homoskedasticity)이라 한다. 그리고 x에 따라 조건부 분산이 달라지는 경우를 이분산(heteroskedasticity)이라 한다. 참고로 [예 8.5]에

서 Y의 조건부 분산은 x에 따라 다르다.

예 8.6 (예 8.5 계속)

[예 8.5]에서 Y의 조건부 분산을 구하라.

$\{X=0\}$일 때의 Y의 조건부 확률분포는 베르누이 분포다. 따라서 이 분포의 분산은

$$V(Y|X=0)=\frac{2}{5}\times\left(1-\frac{2}{5}\right)=\frac{6}{25}$$

마찬가지로

$$V(Y|X=1)=\frac{1}{4},\quad V(Y|X=2)=\frac{2}{9}$$

■■■

|참고| 결합 확률분포와 조건부 확률분포 간의 관계

결합 확률분포로부터 조건부 확률분포를 도출할 수 있다. 그렇지만 그 역은 성립하지 않는다. 아래의 식을 보면 알 수 있듯이, (X, Y)가 이산확률변수인 경우, X의 한계 PMF $p_X(x)$를 모르는 경우, Y의 조건부 PMF $p_{Y|X}(y|x)$만으로 (X, Y)의 결합 PMF $p_{XY}(x, y)$를 도출할 수 없기 때문이다.

$$p_{XY}(x, y)=p_X(x)\cdot p_{Y|X}(y|x)$$

공분산은 두 변수의 결합 확률분포를 알아야 도출할 수 있는 척도다.

$$Cov(X, Y)=E(XY)-E(X)\cdot E(Y)$$

즉, 한계 확률분포를 알지 못하면 조건부 확률분포만으로 $E(X)$, $E(Y)$, 그리고 $E(XY)$를 계산할 수 없다.

결합 확률분포에 있는 확률적 정보는 조건부 확률분포보다 더 많다. 그렇지만 일반적으로 결합 확률분포는 조건부 확률분포를 분석하는 것보다 더 어렵다. 특

히, 여러 개의 조건변수 $(X_1, X_2, \cdots, X_K)$가 있는 경우, $(X_1, X_2, \cdots, X_K, Y)$의 결합분포를 분석하는 것보다는 $(X_1, X_2, \cdots, X_K)$에 대한 Y의 조건부 분포를 파악하는 것이 훨씬 수월하다.

부록 • 연속확률변수의 결합 확률분포와 조건부 확률분포

1. 결합 PDF

(X, Y)가 모두 연속일 경우, $F_{XY}(x, y)$를 x와 y 각각에 대해 편미분(partial differentiation)한 결합 PDF $f_{XY}(x, y)$를 사용하여 결합분포를 정의할 수 있다.

$$f_{XY}(x, y) = \frac{\partial^2 F_{XY}(x, y)}{\partial x \, \partial y}$$

결합 PDF를 적분하면 X 또는 Y의 한계 PDF를 도출할 수 있다.

$$f_X(x) = \int_{-\infty}^{\infty} f_{XY}(x, y)dy$$

$$f_Y(x) = \int_{-\infty}^{\infty} f_{XY}(x, y)dx$$

결합 PDF를 x와 y의 모든 값에 대해 적분하면 1이다.

$$\int_{-\infty}^{\infty}\int_{-\infty}^{\infty} f_{XY}(x, y)dxdy = 1$$

한편, X가 이산이고 Y가 연속인 경우, $F_{XY}(x, y)$를 대신하는 개념으로 PMF와 PDF를 혼합(mixed)한 함수를 사용하여 결합분포를 정의할 수 있다.

$$m_{XY}(x, y) = \frac{\partial P[X = x, Y \le y]}{\partial y}$$

X 또는 Y가 연속확률변수일 경우 $f_{XY}(x, y)$ 또는 $m_{XY}(x, y)$를 사용하여 이산확률변수와 비슷하게 $E[g(X, Y)]$를 정의할 수 있다.

(a) (X, Y)가 모두 연속확률변수일 경우,

$$E[g(X, Y)] = \int_{-\infty}^{\infty}\int_{-\infty}^{\infty} g(x, y)\cdot f_{XY}(x, y)dxdy$$

(b) X가 이산이고 Y가 연속인 일 경우,

$$E[g(X, Y)] = \sum_{\text{all } x}\left\{\int_{-\infty}^{\infty} g(x, y)\cdot m_{XY}(x, y)dy\right\}$$

그리고 (X, Y)가 모두 이산일 경우를 가정하고 설명했던 $E[g(X, Y)]$의 특성들은 연속일 경우에도 그대로 성립한다. 예컨대, (X, Y) 중 적어도 하나가 연속일 경우에도 $E(X+Y)$는 $E(X)+E(Y)$와 같다.

2. 조건부 PDF

(X, Y)가 모두 연속확률변수일 경우에 조건부 PDF는 결합 PDF를 한계 PDF로 나눈 값이다.

$$f_{Y|X}(y|x) = \frac{f_{XY}(x, y)}{f_X(x)}$$

따라서 만일 $f_{XY}(x, y)$를 알고 있다면, 그로부터 $f_X(x)$와 $f_{Y|X}(y|x)$를 모두 도출할 수 있다. 그리고 Y가 연속인 경우의 조건부 평균도 도출할 수 있다.

$$E(Y|X=x) = \int y\cdot f_{Y|X}(y|x)dy$$

PART 04

표본의 이해

Chapter 9 표본과 표본통계량

Chapter 10 표본평균의 표본분포

Chapter

9

표본과 표본통계량

제1절 모집단과 표본

실증연구의 목표는 주어진 자료를 기술하는 것에 그치지 않고 자료의 기술을 통해 일반적인 결론을 도출하려는 것에 있다. 그리고 그렇게 하려면 분석에 사용되는 자료가 어디로부터 어떻게 추출되었는지에 대한 과정을 이해해야 한다. 통계학에서는 통계적 분석의 목표가 되는 집단을 일컬어 모집단(population)이라 한다. 즉, 모집단은 자료가 추출되어 나온 곳이다. 2018년의 고용임금통계자료(Data2018)의 모집단은 우리나라의 모든 임금근로자들이 포함되어 있는 집단이다. 결국, 모집단으로부터 추출된 자료를 사용하여 모집단의 특성을 분석하는 것이 바로 추론통계학에서 추구하는 것이다.

대부분의 실증연구는 모집단을 직접 분석하지 않고 그로부터 추출된 자료를 사용한다. 모집단에 있는 개체의 수가 너무 많아서 전수조사(complete enumeration)를 할 수 없기 때문이다. 예컨대, 우리나라에 있는 모든 임금근로자들을 조사하여 평균급여와 같은 임금분포의 특성을 파악하는 것이 현실적으로 불가능하기 때문에 Data2018와 같은 표본조사 자료를 사용하는 것이다. 그런데 Data2018은 2018년의 전체 임금근로자 모집단에서 25,543명을 추출한 하나의 특수한 사례에 불과하다. 따라서, 전체 임금근로자 모집단에서 25,543명을 다시 추출한 자료에서 도출한 임금분포는 Data2018에서 도출한 분포와 다를 가능성이 크다. 이처럼 Data2018과 같은 자료를 특수한 사례로 간주하는 이유는 모집단에서 자료가 추출되는 과정이 확률적(random)이기 때문이다.

편의상, X_i를 i번째 임금근로자의 급여(*income*)라 하자.

$$X_i = i\text{번째 근로자의 급여}(i=1,\ 2,\ \cdots,\ 25{,}543)$$

모집단에서 어떤 근로자가 i번째로 추출될지 확실치 않으므로 25,543개의 X_i들은 모두 확률변수다. 그리고 Data2018에서 i번째에 있는 숫자가 바로 X_i가 실현된 값이다. 즉, Data2018에 있는 첫 번째 근로자의 급여 27만원은 X_1이 실현된 값이고, 25,543번째 근로자의 급여 170만원은 X_{25543}이 실현된 값이다.

$$X_1 = 27 \ \cdots \ X_{25543} = 170$$

통계학에서 표본(sample)이란 우변에 있는 숫자들이 아니라 좌변에 있는 확률변수들을 모아 놓은 집합을 일컫는다. 그리고 관찰치의 수를 표본의 크기(sample size)라 한다. Data2018에서 표본의 크기는 25,543이다.

정의 모집단과 표본

일반적으로 모집단의 크기는 매우 크다. 이론적으로는 무한히 클 수도 있다. 그러므로 모집단의 일부에 대한 분석을 통해 모집단의 특성을 추측하는 것이다. 모집단의 특성을 분석하기 위해 추출된 모집단의 부분집합을 표본이라 한다.

$$\{X_1,\ X_2,\ \cdots,\ X_n\} = \{X_i:\ i=1,\ \cdots,\ n\}$$

표본에서 X_i는 확률변수다. 그리고 관찰치의 수를 나타내는 n을 표본의 크기라 한다.

예 9.1

앞면이 나올 확률이 $p(0<p<1)$인 동전을 10회 던졌을 때 다음과 같은 결과가 실현되었다고 하자.

$$\text{자료 } A \equiv \{1,\ 1,\ 1,\ 0,\ 1,\ 0,\ 0,\ 0,\ 0,\ 1\}$$

그림 9.1 모집단과 표본

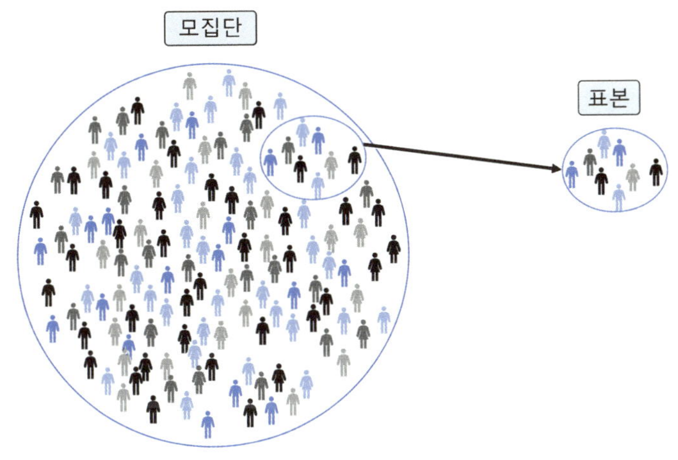

자료 A에서 "1"은 앞면이 나타났다는 것이고 "0"은 뒷면이 나타났다는 것을 의미한다. 자료 A에 해당하는 모집단과 표본을 설명하라.

이 자료에서 처음에 있는 숫자 "1"은 베르누이 확률변수 X_1이 실현된 값이다.

$$X_1 = 1$$

자료 A에 해당하는 표본은 10개의 베르누이 확률변수들로 이루어진 집합이다.

$$\{X_1, X_2, \cdots, X_{10}\}$$
$$X_i \sim Bernoulli(p), \quad i=1, \cdots, 10$$

이 표본의 크기는 10이다. 그렇지만 동전던지기 실험은 이론적으로 무한히 반복될 수 있다. 따라서 모집단은 무한히 많은 "0"과 "1"의 숫자들로 이루어진 집합이다. 그리고 이 모집단에서 "1"의 비율은 p와 같다. 자료 A에서 계산한 "1"의 비율 0.5(=5/10)은 모집단의 비율 p와 같을 수도 있지만 다를 수도 있다. ■■■

[예 9.1]는 단변수 자료다. 즉, 자료 A의 각 숫자는 $Bernoulli(p)$ 분포를 갖는

하나의 확률변수가 실현된 값이다. 그런데 두 개의 확률변수들이 실현된 숫자들로 이루어진 이변량 자료도 생각해 볼 수 있다. 즉, $(n \times k)$의 스프레드시트에서 '$k=2$'다. 두 확률변수를 (X, Y)라 한다면, 이 자료에 해당하는 표본은 크기가 n인 두 확률변수들의 집합으로 나타낼 수 있다. 즉,

$$\{(X_i, Y_i):\ i=1,\ \cdots,\ n\}$$

실제 자료에서는 '$k>2$'인 경우가 많이 있다. 예컨대, Data2018은 '$k=17$'인 다변량 자료다.

표본의 목적은 모집단 분포(population distribution)의 특성을 분석하려는 것이다. 그리고 표본에 있는 확률변수들이 모두 독립적이고 동일한 분포를 따른다고 가정할 수 있을 경우, 모집단 분포의 특성을 매우 편리하게 분석할 수 있다.

정의 IID (Independently and Identically Distributed)

$\{X_i:\ i=1,\ \cdots,\ n\}$에 있는 모든 확률변수들이 서로 독립이고 동일한 분포를 따르는 경우를 IID라 한다.

$$\{X_i:\ i=1,\ \cdots,\ n\} \sim i.i.d.$$

상식적으로 생각해 볼 때, [예 9.1]의 표본은 IID 가정을 충족한다. 즉, [예 9.1]의 표본에 있는 모든 확률변수들은 서로 독립이고, 그 확률분포가 $Bernoulli(p)$로 동일하다고 가정할 수 있다.

$$X_i \sim i.i.d.\ Bernoulli(p),\quad i=1,\ \cdots,\ 10$$

|참고| 다변량 확률변수의 표현

'$k>2$'인 다변량 표본에서 각각의 확률변수에 별도의 로마문자를 할당하여 표시하는 것보다는, X_i가 여러 개의 확률변수들을 하나로 묶어 놓은 벡터(vector)라 하는 것이 편리할 수 있다.

$$X_i = (X_{i1},\ \cdots,\ X_{ik})$$

예컨대, Data2018에 해당하는 표본의 i번째 요소 X_i를 17개의 확률변수들로 이루어진 벡터로 보는 것이다. 이처럼 여러 개의 변수들을 하나의 벡터로 나타내는 것은 편리한 방법이다. 그러나 이를 사용하여 통계학적 특성을 논의하는 것은 본 교재의 범위를 벗어나는 것이다.

제2절 통계량과 표본분포

정의 모수와 모집단분포

모집단의 결과들을 추출한 분포를 모집단분포(population distribution)라 한다. 그리고 모집단분포의 특성을 나타내는 숫자를 모수(parameter)라 한다.

[예 9.1]에서 모집단은 *Bernoulli*(p)에서 도출된 결과들의 집합이다. 따라서 이 예의 모집단분포는 바로 *Bernoulli*(p)다. 그리고 이 분포의 특성을 결정하는 모수는 p다.

IID의 가정 하에서 모집단분포는 표본에 있는 각 확률변수의 분포와 같다. 대부분의 경우, 모수는 연구자에게 알려지지 않은 미지수다. 이 미지의 숫자에 대한 최선의 추측을 하려는 것이 우리의 목표다. 그런데 이를 위해서는 어떻게 표본을 사용해야 할지가 먼저 결정되어야 한다. 표본을 사용하는 방식을 통계량

(statistic)이라 한다. 통계량은 표본이 어떻게 실현될지에 따라 다른 값으로 실현될 수 있는 확률변수다. 통계량의 확률분포를 표본분포(sampling distribution)라 한다.

정의 통계량과 표본분포

> 통계량은 표본의 함수다. 즉, 표본의 확률변수들을 사용하는 방법이다. 확률변수인 통계량의 확률분포를 표본분포라 한다.

표본평균 $\overline{X}$는 대표적인 통계량이다.

$$\overline{X} = \frac{1}{n}\sum_{i=1}^{n} X_i$$

이외에도 표본의 분산과 표준편차는 많이 사용되는 통계량이다.

$$S^2 = \frac{1}{n-1}\sum_{i=1}^{n}(X_i - \overline{X})^2, \quad S = \sqrt{S^2}$$

통계량의 표본분포는 CDF를 사용하여 나타낼 수 있다. 예컨대, $\overline{X}$의 표본분포

그림 9.2 모집단과 표본

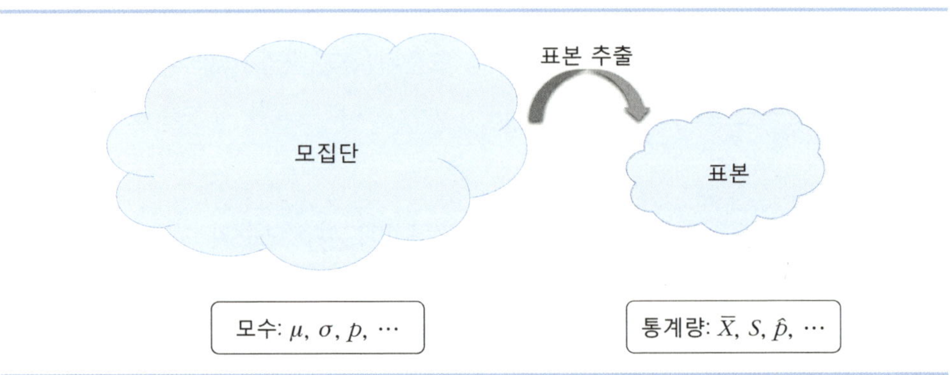

를 $P[\overline{X} \le t]$로 표현할 수 있다. 물론 CDF 대신 PMF 또는 PDF를 사용하는 것이 편리할 수도 있다. 표본분포의 모습은 표본에 있는 확률변수들의 확률분포에 의존하며 표본의 크기에 따라 달라질 수도 있다. 그리고, 아래의 예에서 확인할 수 있듯이, 표본분포는 모집단분포와 다르다.

예 9.2 (예 9.1 계속)

[예 9.1]의 모집단분포와 표본분포를 설명하라.

모집단분포는 *Bernoulli*(p)다. 그리고 모수 p는 모집단에서 "1"의 비율이며 분포의 중심 $E(X)$과 같다.

$$p = E(X)$$

크기가 10인 표본에서 "1"의 비율을 나타내는 $\hat{p}$은 통계량이다. 그리고 $\hat{p}$은 $\overline{X}$와 같다.

$$\hat{p} = \overline{X}$$

$\hat{p}$에 10을 곱한 것은 서로 독립인 10개의 베르누이 확률변수들을 합한 것이다. 즉, $10\hat{p}$는 이항분포를 따른다.

$$10\hat{p} = \sum_{i=1}^{10} X_i \sim Binomial(10, p)$$

$\hat{p}$의 표본분포는 CDF를 사용하여 표현할 수 있다.

$$P[\hat{p} \le t] = P[10\hat{p} \le 10t] = \sum_{x=0}^{10t} \binom{10}{x} p^x (1-p)^{10-x}$$

이와 같은 $\hat{p}$의 표본분포는 모집단분포인 *Bernoulli*(p)와는 전혀 다른 것이다. 만일 '$t=0.5$'이고 '$p=0.6$'일 경우, $\hat{p}$의 CDF는 다음과 같이 계산된다.

$$P[\hat{p} \le 0.5] = P[10\hat{p} \le 5] = \sum_{x=0}^{5} \binom{10}{x} (0.6)^x (0.4)^{10-x} = 0.367$$ ■■■

|참고| 표본분포

특정 자료에서 통계량은 하나의 숫자로 실현된다. 예컨대, Data2018에서 "*income*"의 표본평균(= $\overline{X}$)가 실현된 값은 248.23만원이다. 그렇다면 $\overline{X}$의 표본분포란 무엇일까?

앞의 제2장에서 볼 수 있듯이, Data2018에 있는 25,543명의 임금근로자들은 우리나라에 거주하고 있는 만 15세 이상의 국민들 중에서 무작위로 선정된 근로자들이다. 만일 25,543명의 임금근로자들을 다시 선정한다면, 새롭게 선정된 근로자들로 구성된 자료와 Data2018이 같은 가능성은 거의 없을 것이다. 편의상, 새로 선정된 25,543명의 임금근로자들에 관한 자료를 B_1이라 하자. B_1에서 실현된 "*income*"의 표본평균 $\overline{X}$의 값은 앞의 248.23만원과는 다를 가능성이 크다. 편의상, 이 값을 $\overline{x}_1$이라 하자. 만일 B_1과 같이 25,543명의 임금근로자로 구성된 자료를 반복적으로 R번 추출한다면, $\overline{X}$는 R번 실현될 것이다. 즉, $\{\overline{x}_1, \overline{x}_2, \cdots, \overline{x}_R\}$. 이론적으로 반복적으로 추출될 수 있는 자료는 무한히 많을 수 있다. 즉, R은 무한히 클 수 있다. R이 무한히 클 때, $\{\overline{x}_1, \overline{x}_2, \cdots, \overline{x}_R\}$의 분포를 $\overline{X}$의 표본분포라 한다.

Chapter

10

표본평균의 표본분포

표본평균 $\overline{X}$는 미지의 모집단 평균 $\mu \equiv E(X)$를 추정할 목적에서 사용되는 통계량이다. 그리고 $\overline{X}$가 실현된 값 $\overline{x}$는 자료 $\{x_i : i=1, \cdots, n\}$의 중심이다.

$$X_i = x_i \ (i=1, \cdots, n) \ \Rightarrow \ \overline{X} = \overline{x}$$

그렇다면 $\overline{X}$의 표본분포는 어떠한 모습일까? 다음의 정리는 모집단 분포가 무엇이든 상관없이 적용될 수 있는 가장 일반적인 것이다.

정리1 $\overline{X}$의 기대값과 분산

$$\{X_i : i=1, \cdots, n\} \sim i.i.d \ E(X_i)=\mu, \ \ V(X_i)=\sigma^2$$
$$\Rightarrow E(\overline{X})(\equiv \mu_{\overline{X}})=\mu \quad \& \quad V(\overline{X})(\equiv \sigma^2_{\overline{X}})=\sigma^2/n$$

특히 X_i가 베르누이 확률변수일 경우 표본평균 $\overline{X}$는 표본에서 "1"의 비율을 나타내는 $\hat{p}$과 같다. 따라서,

$$E(\hat{p})=p, \ \ V(\hat{p})=p(1-p)/n$$

일반적으로는 위의 정리만으로 $\overline{X}$의 표본분포가 무엇인지 알 수 없다. 다음의 정리는 $\overline{X}$의 표본분포를 알 수 있는 예외적인 사례다.

정리2 베르누이 및 정규분포 표본에서 $\bar{X}$의 표본분포

① $\{X_i : i = 1, \cdots, n\} \sim i.i.d.\ Bernoulli(p) \Rightarrow n\bar{X} \sim Binomial(n, p)$

② $\{X_i : i = 1, \cdots, n\} \sim i.i.d.\ N(\mu, \sigma^2) \Rightarrow \bar{X} \sim N(\mu, \sigma^2/n)$

물론 베르누이 표본에서 p의 값을 모르거나 정규분포 표본에서 (μ, σ)를 모르는 경우에는, $\bar{X}$의 CDF $P(\bar{X} \le t)$를 계산할 수 없다. 예컨대, 정규분포 표본에서

$$P(\bar{X} \le t) = \Phi\left(\frac{t-\mu}{\sigma/\sqrt{n}}\right)$$

예전에는 X_i가 정규분포를 따를 것이라 가정하고 정리2의 두 번째 결과를 사용하여 통계적 추론을 하였다. 그렇지만 X_i가 정규분포라고 할 수 있는 경우는 없다. 예컨대, 우리나라 임금근로자의 급여분포가 앞의 제3장에서 도출했던 히스토그램의 형태로 미루어 정규분포를 따를 것이라 가정하기는 어렵다. 다행히도 표본의 크기가 충분히 큰 경우에는, 다음의 두 정리에 따라 정규분포를 가정하지 않고도 μ에 대한 통계적 추론을 할 수 있다.

정리3 대수의 법칙

IID 가정 하에서 n이 증가함에 따라 $\bar{X}$는 μ에 수렴한다.

대수의 법칙은 n이 증가함에 따라 $\bar{X}$가 μ와 멀리 떨어진 값으로 실현될 가능성이 점차 감소한다는 것을 의미한다. 그렇다면, $\bar{X}$를 표준화한 통계량 Z는 어떨까?

$$Z \equiv \frac{\bar{X} - \mu_{\bar{X}}}{\sigma_{\bar{X}}} = \frac{\bar{X} - \mu}{\sigma/\sqrt{n}}$$

n이 증가함에 따라, Z의 분자와 분모는 모두 0으로 수렴한다. 즉, 분자의 '$\overline{X} - \mu$'는 대수의 법칙에 의해 0으로 수렴하며, 분모의 $\sigma_{\overline{X}}$도 0으로 수렴한다. Z가 0으로 수렴하거나 ∞로 발산하지 않고 표준정규분포로 수렴한다는 것이 바로 중심극한정리다.

정리4 중심극한정리

IID 가정 하에서 n이 증가함에 따라 Z의 분포는 표준정규분포에 수렴한다.

$$Z = \frac{\overline{X} - \mu}{\sigma / \sqrt{n}} \sim_A N(0, 1)$$

정리에서 '$\sim_A$'는 '거의'(approximately) 같다는 것을 편리하게 표현하는 방식이다. 즉, Z의 분포가 정확히 무엇인지는 모르지만 거의 표준정규분포와 같다는 의미다. 그리고 이 정리에 의해 n이 충분히 클 때, $\overline{X}$의 표본분포를 정규분포에 근사시킬 수 있다.

$$\overline{X} \sim_A N(\mu, \sigma^2/n)$$

즉, X_i의 분포가 어떤 것이더라도, n만 충분히 크다면 $\overline{X}$의 표본분포를 마치 정규분포인 것처럼 취급할 수 있다는 것이 바로 중심극한정리가 가지는 매력이다. 심지어 X_i가 베르누이 확률변수인 경우라도 상관없다. 특히 예전과는 달리 n이 큰 표본을 다룰 수 있게 된 현재의 상황에서 중심극한정리는 정규분포를 가정하지 않고도 통계적 추론의 많은 어려움을 해결해 줄 수 있는 매우 유용한 정리다. 다음은 중심극한정리와 관련하여 가장 많이 묻는 질문들이다.

① 표본의 크기 n이 증가하면 모집단분포가 정규분포로 수렴할까?

많은 연구자들은 "n이 충분히 크면 X_i의 분포를 정규분포에 근사시킬 수 있다"라고 주장한다. 그러나 이는 틀린 주장이다. 예컨대, X_i가 베르누이 확률변수일 경우에는 n이 아무리 크더라도 정규분포가 될 수 없다. 중심극한정리는 $\overline{X}$의 표본분포를 정규분포에 근사시킬 수 있다는 것이지 X_i의 분포를 근사시킨다는 것이 아니다.

② 중심극한정리를 적용하려면 표본의 크기가 얼마나 커야 할까?

이에 대한 정답은 없다. 만일 X_i의 분포가 좌우대칭이고 종모양이라면 비교적 작은 n에서도 $\overline{X}$의 분포를 정규분포로 근사시킬 수 있다. 그렇지만 X_i의 분포의 비대칭도가 크고 종모양에서 벗어난 경우에는 n이 웬만큼 크지 않다면 $\overline{X}$의 분포를 정규분포로 근사시키기 어려울 것이다. 이외에도 소수점 몇 자리까지 근사시켜야 적정할지는 연구의 목적과 특성에 따라 다르기 때문에 일률적으로 n이 얼마 이상 되어야 한다고 말할 수 없다.

|참고| 이항분포 사례

이항확률변수는 베르누이 확률변수들을 합한 것이다. 즉,

$$\{X_i : i = 1, \cdots, n\} \sim i.i.d.\ Bernoulli(p)$$

$$\Rightarrow\ X = \sum_{i=1}^{n} X_i \sim Binomial(n, p)$$

따라서 n이 충분히 클 경우, 이항확률변수를 n으로 나눈 값은 베르누이 확률변수들의 평균과 같다. 따라서 중심극한정리에 의해 X/n은 정규분포에 근사될 수 있다. 즉,

$$\frac{X}{n} \sim_A N\left(p, \frac{p(1-p)}{n}\right) \quad \text{또는} \quad X \sim_A N(np, np(1-p))$$

따라서 '왜 이항분포가 정규분포에 근사될 수 있었는지'를 알 수 있다.

PART

05

통계적 추론

Chapter 11 추 정

Chapter 12 가설검정

Chapter 13 통계적 추론의 응용 – 평균의 차이

Chapter 11
추 정

제1절 점추정

우리나라의 근로자들은 평균적으로 얼마의 급여를 받을까? 이는 $E(X)(\equiv\mu)$에 대한 질문이다. 단, X는 근로자의 급여를 나타내는 확률변수다. 이처럼 미지(未知)의 모수 μ를 최선(最善)으로 추측하는 절차를 추정(estimation)이라 한다. 추정의 대상인 μ는 X의 PDF $f(x)$의 중심 특성이다.

$$\mu = \int xf(x)dx$$

위의 표현으로 미루어 μ를 추정하려는 이유가 $f(x)$를 모르기 때문이라는 사실을 알 수 있을 것이다. 앞의 기술통계학 부분에서 설명했던 산술평균 $\bar{x}$는 가장 직관적으로 μ를 추정하는 값이다. 예컨대, Data2018을 사용했을 때의 $\bar{x}$는 248.23만원이다.

$$\bar{x} = \frac{1}{25543}\sum_{i=1}^{25543} x_i = 248.23$$

단, $x_i(i=1, \cdots, 25543)$는 Data2018에 있는 i번째 근로자의 급여다. 이미 설명했듯이, x_i는 우연히 실현된 숫자에 불과하다. 그리고, x_i에 해당하는 확률변수를 X_i라 하면, $\bar{x}$는 표본평균 $\bar{X}$가 우연히 실현된 값이다.

$$\bar{X} = \frac{1}{25543}\sum_{i=1}^{25543} X_i$$

이처럼 $\overline{X}$와 같은 표본 통계량을 일컬어 추정량(estimator)라 하고, $\overline{x}$와 같이 추정량이 실현된 값을 추정치(estimate)라 한다.

정의 추정량과 추정치

모집단의 분포 특성에 대한 미지의 모수를 추정하는 표본 통계량을 추정량이라 한다. 그리고 추정량이 특정 자료에서 실현된 값을 추정치라 한다.

모집단분포의 특성에 관한 모수는 분포의 중심 이외에도 중앙값, 백분위수, 표준편차, 공분산 등등 매우 다양하다. 편의상, 미지의 모수를 θ(theta)라 하고, θ에 대한 추정량은 모자(hat)를 씌워 $\hat{\theta}$(theta-hat)과 같이 표시하기로 하자. 참고로 앞에서는 $\mu(=\theta)$에 대한 추정량으로 $\overline{X}(=\hat{\theta})$를 사용했었다. 확률변수인 $\hat{\theta}$은 하나의 숫자로 실현된다. 이에 따라 $\hat{\theta}$을 점추정량(point estimator)이라 한다. 이에 반해, 높은 확률로 추정 대상인 θ를 포함하는 구간을 구간추정량(interval estimator)이라 한다. 구간추정량에 대해서는 다음 절에서 상세히 논의될 것이다. 편의상, 이하에서는 점추정량을 간단히 추정량이라 부르기로 한다.

앞에서는 모집단 평균인 μ에 대한 추정량으로 표본평균 $\overline{X}$를 사용했었다. 그렇다면 모집단 표준편차 σ는 표본의 표준편차 S로 추정할 수 있지 않을까? 이처럼 자연스럽게 추정량을 도출하는 방법을 유사성의 원칙(analogy principle)이라 한다.[1]

정의 유사성의 원칙

모집단 분포의 특성에 관한 모수를 추정하기 위해 표본에서 동일한 특성을 갖는 통계량을 선택하는 방법을 유사성의 원칙이라 한다.

1 Goldberger, A. S.(1991), A *course in econometrics*, Harvard University Press.

만일 표본이 모집단에서 무작위로 추출된 것이라면, 그 표본을 사용하여 도출한 히스토그램이 모집단분포와 닮은 꼴일 것이라 예상하는 것은 지극히 상식적일 것이다. 예컨대, Data2018에서 급여의 분포를 시각화한 [그림 4.3]의 히스토그램으로 미루어 우리나라 전체 임금근로자의 급여에 대한 PDF도 우측으로 기울어진 모습이라 짐작할 수 있을 것이다. 이산확률변수의 경우에도 마찬가지다. 즉, 표본에서 상대도수들을 시각화한 막대그래프는 PMF와 닮은 꼴이라 짐작할 수 있다. 결국, 모집단분포와 닮은 꼴이라 짐작되는 표본의 히스토그램이나 막대그래프를 사용하여 모집단분포의 특성을 추측하자는 유사성의 원칙은 매우 직관적이고 자연스러운 방법이다. 참고로 앞의 기술통계학 부분에서 설명되었던 여러 수치 척도들은 그에 해당하는 모집단의 모수를 유사성의 원칙에 따라 추정된 값이다.

직관적이고 자연스럽다는 것은 유사추정량(analog estimator)이 가지는 중요한 장점일 것이다. 그렇다면 왜 유사추정량이 좋은 추정량일까? 이를 설명하기 위해 평균자승오차(MSE, Mean Squared Error)의 개념부터 먼저 살펴보기로 하자.

정의 평균자승오차(MSE)

θ에 대한 $\hat{\theta}$의 MSE: $MSE(\hat{\theta};\ \theta) = E[(\hat{\theta} - \theta)^2]$

확률변수인 $\hat{\theta}$은 θ와 다른 값으로 실현될 수 있다. MSE가 작다는 것은 $\hat{\theta}$이 θ에서 멀리 떨어져 있는 값으로 실현될 가능성이 크지 않다는 뜻이다. 따라서 MSE가 작은 추정량을 선호하는 것은 당연하다. 즉, θ에 대한 두 추정량 $\hat{\theta}_1$과 $\hat{\theta}_2$ 중에서 MSE가 상대적으로 더 작은 것을 선호한다는 것이다.

$$MSE(\hat{\theta}_1;\ \theta) < MSE(\hat{\theta}_2;\ \theta) \ \Rightarrow\ \hat{\theta}_1\text{을 } \hat{\theta}_2\text{에 비해 상대적으로 더 선호}$$

이처럼 MSE가 작은 추정량을 선호하는 것을 효율성(efficiency)의 기준이라 한다. MSE의 개념을 정확히 이해할 수 있도록, 먼저 편의(偏倚, bias)를 정의하자.

정의 편의

θ에 대한 $\hat{\theta}$의 편의: $Bias(\hat{\theta};\ \theta) = E(\hat{\theta}) - \theta$

이 정의에서 $E(\hat{\theta})$은 $\hat{\theta}$의 표본분포의 중심이다. 즉, 추정량이 평균적으로 실현되는 경향이다. 따라서 편의는 추정량이 어느 한 방향으로 치우쳐 실현되는 경향을 측정하는 척도라 이해될 수 있다. 편의는 양수일 수도 있고 음수일 수도 있다. 편의가 양수라는 것은 $\hat{\theta}$이 평균적으로 θ보다 더 큰 값으로 실현된다는 의미다. 다음의 정리를 보면, θ에 대한 $\hat{\theta}$의 MSE가 $\hat{\theta}$의 분산보다 편의의 제곱만큼 더 크다는 것을 알 수 있다.

정리 $MSE(\hat{\theta};\ \theta) = V(\hat{\theta}) + \{Bias(\hat{\theta};\ \theta)\}^2$

증명: 편의상, θ에 대한 $\hat{\theta}$의 편의를 B라 하자. 즉, '$B = Bias(\hat{\theta};\ \theta)$'. MSE에 대한 정의에서 $E(\hat{\theta})$을 빼고 더하면,

$$
\begin{aligned}
E[(\hat{\theta}-\theta)^2] &= E[\{(\hat{\theta}-E(\hat{\theta})) + (E(\hat{\theta})-\theta)\}^2] = E[\{(\hat{\theta}-E(\hat{\theta})) + B\}^2] \\
&= E[(\hat{\theta}-E(\hat{\theta}))^2] + B^2 + 2B \times E[(\hat{\theta}-E(\hat{\theta}))]
\end{aligned}
$$

위의 식에서, '$V(\hat{\theta}) = E[(\hat{\theta}-E(\hat{\theta}))^2]$'이고, 마지막에 있는 '$E[\hat{\theta}-E(\hat{\theta})]$'은 0이다.

위의 정리에서 편의가 없는 추정량의 MSE는 분산과 동일하다는 것을 알 수 있다. 제10장의 정리 1은, IID의 가정 하에서, μ에 대한 $\overline{X}$의 편의가 없다는 것을 보여준다. 따라서, μ에 대한 $\overline{X}$의 MSE는 $\overline{X}$의 분산과 같다. 즉,

$$Bias(\overline{X};\ \mu) = 0 \ \Rightarrow\ MSE(\overline{X};\ \mu) = V(\overline{X}) + 0 = \sigma^2/n$$

$\overline{X}$와 같이 편의가 0인 추정량을 **불편추정량(unbiased estimator)**이라 한다. [예 11.1]에 있는 μ에 대한 세 개의 추정량 중 편의가 없는 불편추정량은 $\hat{\mu}_1$다.

예 11.1

기대값이 μ이고 분산이 σ^2인 IID 표본을 가정하고, μ에 대한 $\hat{\mu}_j$ $(j=1,\ 2,\ 3)$의 편의와 MSE를 계산하라.

$$\{X_i:\ i=1,\ \cdots,\ n\} \sim i.i.d\ E(X_i)=\mu,\ V(X_i)=\sigma^2$$

$$\hat{\mu}_1 = \frac{1}{3}X_1 + \frac{2}{3}X_2 \qquad \hat{\mu}_2 = \frac{1}{3}X_1 + \frac{1}{3}X_2 \qquad \hat{\mu}_3 = \left(\frac{n-1}{n}\right)\cdot \overline{X}$$

$$E(\hat{\mu}_1)=\left(\frac{1}{3}+\frac{2}{3}\right)\cdot\mu=\mu \qquad V(\hat{\mu}_1)=\left(\frac{1}{9}+\frac{4}{9}\right)\cdot\sigma^2=\frac{5\sigma^2}{9}$$

$$\Rightarrow Bias(\hat{\mu}_1;\ \mu)=0, \qquad MSE(\hat{\mu}_1;\ \mu)=\frac{5\sigma^2}{9}$$

$$E(\hat{\mu}_2)=\left(\frac{1}{3}+\frac{1}{3}\right)\cdot\mu=\frac{2\mu}{3} \qquad V(\hat{\mu}_2)=\left(\frac{1}{9}+\frac{1}{9}\right)\cdot\sigma^2=\frac{2\sigma^2}{9}$$

$$\Rightarrow Bias(\hat{\mu}_2;\ \mu)=-\frac{\mu}{3}, \qquad MSE(\hat{\mu}_2;\ \mu)=\frac{2\sigma^2+\mu^2}{9}$$

$$E(\hat{\mu}_3)=\left(\frac{n-1}{n}\right)\cdot E(\overline{X})=\left(\frac{n-1}{n}\right)\mu \qquad V(\hat{\mu}_3)=\left(\frac{n-1}{n}\right)^2 V(\overline{X})=\frac{(n-1)^2\cdot\sigma^2}{n^3}$$

$$\Rightarrow Bias(\hat{\mu}_3;\ \mu)=-\frac{\mu}{n}, \qquad MSE(\hat{\mu}_3;\ \mu)=\frac{(n-1)^2\cdot\sigma^2+n\cdot\mu^2}{n^3}$$

■■■

[예 11.1]에서 $\hat{\mu}_1$과 $\hat{\mu}_2$는 표본에서 $(X_1,\ X_2)$만 사용한다. 불편추정량인 $\hat{\mu}_1$의 MSE는 분산과 동일하다. 만일 μ가 0과 다르다면, $\hat{\mu}_2$의 편의는 0이 아니고, 편의의 부호는 μ의 부호와 서로 반대다. 그리고 $\hat{\mu}_2$의 MSE는 편의의 제곱만큼 분산보다 더 크다. 마지막의 $\hat{\mu}_3$는 $\overline{X}$와 마찬가지로 표본의 모든 $X_i(i=1,\ \cdots,\ n)$를 사용한다. 만일 μ가 0과 다르다면, $\hat{\mu}_3$의 편의는 0이 아니다. 그러나 n이 증가

함에 따라 $\hat{\mu}_3$의 편의와 MSE는 점차 감소하여 0으로 수렴한다. [예 11.1]의 $\hat{\mu}_2$ 또는 $\hat{\mu}_3$와 달리, 가중치의 합이 1인 가중평균은 불편추정량이다.

예 11.2

가중평균 $\hat{\mu}_a$는 표본에 있는 n개의 확률변수들을 선형으로 결합한 통계량이다.

$$\hat{\mu}_a \equiv \sum_{i=1}^{n} a_i X_i, \quad \sum_{i=1}^{n} a_i = 1$$

단, 가중치 $\{a_i : i=1, \cdots, n\}$는 확률변수가 아니다. 기대값이 μ이고 분산이 σ^2인 IID 표본을 가정하고, μ에 대한 $\hat{\mu}_a$의 편의와 MSE를 계산하라.

$$\{X_i : i=1, \cdots, n\} \sim i.i.d \; E(X_i)=\mu, \; V(X_i)=\sigma^2$$

가중평균 $\hat{\mu}_a$의 기대값과 분산은 다음과 같다.

$$E(\hat{\mu}_a) = E\left(\sum_{i=1}^{n} a_i X_i\right) = \sum_{i=1}^{n} a_i E(X_i) = \left(\sum_{i=1}^{n} a_i\right) \cdot \mu = \mu$$

$$V(\hat{\mu}_a) = V\left(\sum_{i=1}^{n} a_i X_i\right) = \sum_{i=1}^{n} a_i^2 V(X_i) = \left(\sum_{i=1}^{n} a_i^2\right) \cdot \sigma^2$$

따라서 '$Bias(\hat{\mu}_a; \mu)=0$'이고 '$MSE(\hat{\mu}_a; \mu)=V(\hat{\mu}_a)$'이다. ■■■

참고로 [예 11.1]의 $\hat{\mu}_1$은 $\{a_1=1/3, a_2=2/3, a_3=\cdots=a_n=0\}$인 가중평균이지만, $\hat{\mu}_2$와 $\hat{\mu}_3$는 가중치의 합이 1이 아니다. 한편, $\overline{X}$는 모든 가중치가 $1/n$인 가중평균이다. 즉,

$$a_i = 1/n \quad (i=1, \cdots, n)$$

만일 '$n \geq 2$'일 경우, $\overline{X}$는 $\hat{\mu}_1$보다 더 효율적인 추정량이다.

$$MSE(\overline{X};\mu)=\frac{\sigma^2}{n}<\frac{5\sigma^2}{9}=MSE(\hat{\mu}_1;\mu)$$

참고로 IID의 가정 하에서는 가중치의 합이 1인 모든 가중평균 중에서 $\overline{X}$가 MSE를 최소화하는 효율적인 추정량이라는 사실을 입증할 수 있다. 이처럼 불편성을 전제로 MSE를 최소화하는 추정량을 MVUE(Minimum Variance Unbiased Estimator) 또는 BUE(Best Unbiased Estimator)라 한다. 즉, MVUE는 불편추정량 중에서 가장 효율적인 추정량이다. 결국, 유사추정량에 해당하는 $\overline{X}$는 MVUE라는 의미에서 좋은 추정량이다.

기왕이면 편의가 없는 추정량을 선택하는 것이 바람직하겠지만, 그렇게 할 수 없는 경우도 있다. 예컨대, μ^2에 대한 가장 직관적인 추정량인 $\overline{X}^2$는 μ^2에 대한 불편추정량이 아니며, MVUE가 될 수 없다.

$$Bias(\overline{X}^2;\mu^2)=E(\overline{X}^2)-\mu^2(=V(X))>0$$

이는 불편성을 기반으로 하는 MVUE가 갖는 치명적인 단점이다. 이와 마찬가지로 μ의 비선형 변환 $g(\mu)$에 대한 직관적인 추정량 $g(\overline{X})$는 MVUE가 아니다. 즉, 유사추정량이 반드시 MVUE이어야 하는 것은 아니다.

요즘에는 크기가 큰 표본에서 추정량을 도출하는 경우가 많다. 이에 따라 크기가 큰 표본에서 MSE가 작은 추정량을 선택하는 것은 매우 중요하다. 예컨대, [예 11.1]의 $\hat{\mu}_3$는 불편추정량이 아니다. 하지만 n이 충분히 클 경우에는 $\hat{\mu}_3$의 MSE가 $\hat{\mu}_1$의 MSE보다 더 작다. 따라서 $\hat{\mu}_1$보다 $\hat{\mu}_3$를 선호하는 것이 더 효율적이다. 이처럼 표본의 크기가 증가하면서 MSE가 감소하는 특성을 일치성(consistency)이라 한다. 그리고 일치성이 있는 추정량을 일치추정량(consistent estimator)이라 한다.

정의 일치성

일치성이란 n이 증가함에 따라 θ에 대한 $\hat{\theta}$의 MSE가 0으로 수렴하는 특성이다.

$$\lim_{n \to \infty} MSE(\hat{\theta};\, \theta) = 0$$

비선형 함수변환을 하는 경우에도 일치성은 그대로 유지된다. 이는 불편성에서는 기대할 수 없었던 특성이다.

정리 일치추정량의 함수변환

$\hat{\theta}$가 θ에 대한 일치추정량이면, $g(\hat{\theta})$도 $g(\theta)$에 대한 일치추정량이다. 즉,

$$\lim_{n \to \infty} MSE(\hat{\theta};\, \theta) = 0 \;\Rightarrow\; \lim_{n \to \infty} MSE(g(\hat{\theta});\, g(\theta)) = 0$$

단, $g(\cdot)$는 연속함수다.

이 정리에 따르면, μ^2에 대한 유사추정량인 $\overline{X}^2$은 일치추정량이다. 요컨대, 추정량은 유사성의 원칙을 적용하여 직관적이고 자연스럽게 찾을 수 있다. 이렇게 도출한 유사추정량은 경우에 따라 MVUE일 수도 있지만 MVUE가 아닐 수도 있다. 그러나 일치성이 있다는 점에서 유사추정량은 좋은 방법이다.

|참고| 모집단 분산과 표준편차의 추정

(1) 모집단 분산 σ^2에 대한 유사추정량은 S^2 또는 $\hat{\sigma}^2$이다.

$$S^2 = \frac{1}{n-1}\sum_{i=1}^{n}(X_i - \overline{X})^2 \quad \text{or} \quad \hat{\sigma}^2 = \frac{1}{n}\sum_{i=1}^{n}(X_i - \overline{X})^2$$

사실 n이 작지 않다면, 두 추정량 간의 차이는 거의 무시해도 될 정도다.

$$\hat{\sigma}^2 = \left(\frac{n-1}{n}\right) \cdot S^2$$

그런데 S^2은 σ^2에 대한 불편추정량이지만 $\hat{\sigma}^2$은 편의가 있는 추정량이다.

$$Bias(S^2;\, \sigma^2) = 0$$

$$Bias(\hat{\sigma}^2;\, \sigma^2) = E(\hat{\sigma}^2) - \sigma^2 = \left(\frac{n-1}{n}\right) \cdot E(S^2) - \sigma^2 = -\frac{\sigma^2}{n}$$

그렇지만 두 추정량 중 어떤 것이 더 낫다고 단정할 수는 없다. 비록 $\hat{\sigma}^2$에 편의가 있지만, $\hat{\sigma}^2$의 분산이 S^2의 분산에 비해 더 작기 때문이다.

$$V(\hat{\sigma}^2) = \left(\frac{n-1}{n}\right)^2 V(S^2) < V(S^2)$$

즉, $\hat{\sigma}^2$은 편의가 있지만 분산이 S^2보다 더 작은 추정량이다. 참고로 $\hat{\sigma}^2$의 MSE가 더 작다는 것을 보여줄 수 있다. 즉,

$$MSE(\hat{\sigma}^2;\, \sigma^2) < MSE(S^2;\, \sigma^2)$$

따라서 MSE가 더 작은 추정량을 선호하는 것이 기준이라면 $\hat{\sigma}^2$을 선택하는 것이 마땅하다. 그런데 두 추정량의 MSE는 n이 증가함에 따라 모두 0으로 수렴한다. 즉, $\hat{\sigma}^2$과 S^2 모두 σ^2에 대한 일치추정량이다. 과거에는 불편추정량인 S^2이 더 자주 사용되었고 그 영향으로 많은 통계패키지들도 S^2을 사용한다.

(2) 베르누이 표본에서 $\hat{p}(=\overline{X})$은 $p(=\mu)$에 대한 MVUE이면서 동시에 일치추정량이다. 그리고 모집단 표준편차 σ는 p에 대한 비선형 변환이다. 즉,

$$\sigma = \sqrt{(p(1-p)}$$

위의 표현에서 p를 $\hat{p}$로 바꾸는 것이 σ를 가장 직관적으로 추정하는 방법이다. 즉,

$$\hat{\sigma} = \sqrt{\hat{p}(1-\hat{p})}$$

유사추정량 $\hat{\sigma}$은 σ에 대한 불편추정량은 아니지만 일치추정량이다.

$$Bias(\hat{\sigma};\sigma) \neq 0 \quad \& \quad \lim_{n \to \infty} MSE(\hat{\sigma};\sigma) = 0$$

참고로 $\hat{\sigma}$이 MSE를 최소화하는 가장 효율적인 추정량이라는 사실을 보여줄 수 있다. 그리고 물론 n이 충분히 크다면, $\hat{\sigma}$을 사용하는 대신 표본의 표준편차 S를 사용하더라도 별 차이가 없다.

제2절 신뢰구간

현실적으로 표본은 무한히 크지 않다. 따라서 아무리 $\hat{\theta}$이 θ에 대한 일치추정량이라 하더라도 $\hat{\theta}$이 θ와 다르게 실현될 확률은 0보다 크다.

$$P[\hat{\theta} \neq \theta] > 0$$

즉, 주어진 표본에서 $\hat{\theta}$은 θ와 다른 값으로 실현될 수 있다. 예컨대, 우리나라 임금근로자들의 평균급여 μ는 Data2018에서 추정된 248.23만원과 다를 수 있다. 그러나 이는 μ를 잘못 추정했기 때문이 아니라 $\overline{X}$가 하나의 실수 값으로 실현되는 점추정량이기 때문에 어쩔 수 없는 것이다. 이러한 점추정량의 한계를 극복하려는 것이 구간추정량의 취지다. 그리고 신뢰구간(confidence interval)은 가장 많이 사용되는 구간추정량이다.

신뢰구간을 도출할 때 첫 번째 단계는 신뢰수준(confidence level)을 정하는 것이다. 신뢰수준은 신뢰구간이 θ를 포함할 확률을 뜻하며 통상 $(1-\alpha)$로 표시된다. 일반적으로 α는 0.1, 0.05, 또는 0.01 등과 같이 매우 작은 값으로 정해진다. 예컨대, α가 0.05라는 것은 신뢰수준이 95%라는 것을 의미한다. 참고로 α는 뒷장의 가설검정에서 정의될 유의수준(significance level)과 같다.

그림 11.1 표준정규분포의 중앙구간의 확률

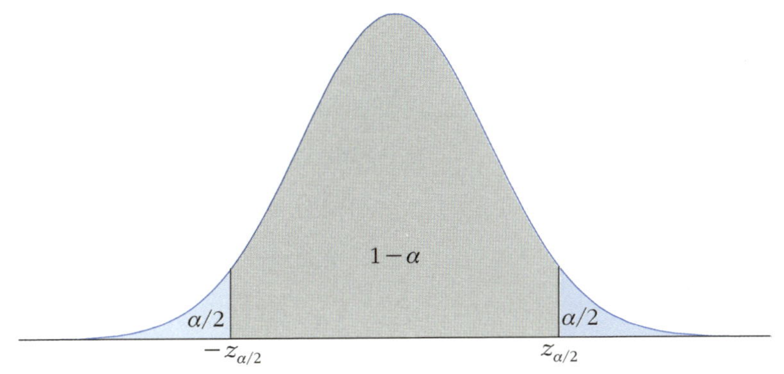

신뢰수준 $(1-\alpha)100\%$가 정해진 다음의 단계는 $\hat{\theta}$의 표본분포를 이용하여 θ에 대한 신뢰구간을 도출하는 것이다. 그렇지만 $\hat{\theta}$의 표본분포가 무엇인지 모르는 경우가 대부분이다. 예컨대, 앞의 제10장에서도 보았듯이, 일부 예외적인 경우가 아니면 주어진 n에서 $\overline{X}$의 표본분포를 알 수 없다. 다행히 n이 클 경우에는 제10장의 정리 4에 있는 중심극한정리에 따라 $\overline{X}$를 표준화한 Z가 표준정규분포에 근접한다고 할 수 있다.

$$Z \equiv \frac{\overline{X}-\mu_{\overline{X}}}{\sigma_{\overline{X}}} \sim_A N(0,\ 1) \quad \left(\mu_{\overline{X}}=\mu \ \& \ \sigma_{\overline{X}}=\frac{\sigma}{\sqrt{n}}\right)$$

[그림 11.1]에서 볼 수 있듯이, 표준정규분포에서 양쪽 꼬리부분을 제외한 나머지 중앙구간의 확률은 $(1-\alpha)$다. 이 그림에서 $z_{\alpha/2}$는 우측 꼬리부분의 확률이 $\alpha/2$에 해당하는 표준정규분포의 백분위수다.

따라서, n이 클 경우에는, Z가 중앙구간에서 실현될 확률이 거의 $(1-\alpha)$와 같다.

$$P(|Z| \le z_{\alpha/2}) = P\left(\left|\frac{\overline{X}-\mu_{\overline{X}}}{\sigma_{\overline{X}}}\right| \le z_{\alpha/2}\right) \fallingdotseq 1-\alpha$$

이 식을 μ에 대해 정리하면, 다음과 같다

$$P(\mu \in \widetilde{CI}_{1-\alpha}(\mu)) \fallingdotseq 1-\alpha, \quad \widetilde{CI}_{1-\alpha}(\mu) = [\overline{X} \pm z_{\alpha/2} \cdot \sigma_{\overline{X}}]$$

위의 $\widetilde{CI}_{1-\alpha}(\mu)$는 중심이 $\overline{X}$이고 반경이 $z_{\alpha/2} \cdot \sigma_{\overline{X}}$인 좌우대칭의 확률구간이다. 참고로 정규분포가 좌우대칭의 종모양이므로 반경을 최소화하는 확률구간이 좌우대칭이라는 것을 쉽게 짐작할 수 있을 것이다. 그리고 μ가 이 확률구간에 포함되어 있을 확률은 대략 $(1-\alpha)$이다. 그렇지만 대개의 경우에는 $\sigma_{\overline{X}}$를 모르기 때문에, $\widetilde{CI}_{1-\alpha}(\mu)$를 사용할 수 없다. 이에 대한 가장 손쉬운 해결방법은 $\sigma_{\overline{X}}$에 있는 σ를 S 또는 $\hat{\sigma}$으로 추정하여 대체시키는 것이다. 즉,

$$\widehat{CI}_{1-\alpha}(\mu) = [\overline{X} \pm z_{\alpha/2} \cdot se(\overline{X})], \quad se(\overline{X}) = S/\sqrt{n} \quad \text{또는} \quad \hat{\sigma}/\sqrt{n}$$

위에서 $se(\overline{X})$를 $\overline{X}$의 **표준오차(standard error)**라 한다. 대개의 경우, $\hat{\theta}$의 표본분포는 정규분포에 근사될 수 있다. 따라서 중심이 $\hat{\theta}$에 위치하고 반경이 $z_{\alpha/2} \cdot se(\hat{\theta})$인 좌우대칭의 확률구간 $\widehat{CI}_{1-\alpha}(\theta)$이 θ에 대한 대략적인 $(1-\alpha)100\%$의 신뢰구간이다.[2]

$$\widehat{CI}_{1-\alpha}(\theta) = [\hat{\theta} \pm z_{\alpha/2} \cdot se(\hat{\theta})]$$

예 11.3

Data2018을 사용하여 우리나라 임금근로자의 평균급여 μ에 대한 95%의 신뢰구간을 구하라.

Data2018에서 $\overline{X} = 248.23$, $S = 168.65$이다. 그리고 $z_{\alpha/2} = 1.96$이다. 따라서, 대략적으로 95%의 신뢰구간은

$$248.23 \pm 1.96 \times \frac{168.65}{\sqrt{25543}} \fallingdotseq [246.16, \ 250.30]$$ ■■■

[예 11.3]에 있는 [246.16, 250.30]는 $\widehat{CI}_{0.95}(\mu)$가 Data2018에서 실현된 값으로

2 좌우 대칭의 신뢰구간을 양측(two-sided) 신뢰구간이라고도 한다.

확률변수가 아니다. 따라서 평균급여 μ가 246.16에서 250.30 사이에 있을 확률이 95%라 하는 것은 옳지 않다. 그보다는 Data2018과 같은 표본이 반복적으로 추출되어 $\widehat{CI}_{0.95}(\mu)$가 여러 번 실현된다면, 실현된 구간 중에서 μ를 포함하는 구간들이 대략 95%일 것이라 해석하는 것이 적절하다.

모집단 비중 p는 베르누이 모집단의 평균 μ이다. 따라서 p에 대한 신뢰구간도 중심극한정리를 사용하여 좌우대칭의 형태로 도출될 수 있다. 즉,

$$\widehat{CI}_{1-\alpha}(p) = [\hat{p} \pm z_{\alpha/2} \cdot se(\hat{p})]$$

단, $\hat{p}$의 표준오차 $se(\hat{p})$는 $\sqrt{\hat{p}(1-\hat{p})/n}$ 또는 $S/\sqrt{n}$ 중 어떤 것을 사용하더라도 상관없다.

예 11.4

Data2018을 사용하여 200만원 이상의 급여를 받는 우리나라 임금근로자의 비중 p에 대한 95%의 신뢰구간을 구하라.

Data2018에 있는 근로자 25,543명 중에서 200만원 이상의 급여를 받는 근로자는 14,727명이다. 따라서,

$$\hat{p} = \frac{14727}{25543} \fallingdotseq 0.577, \quad se(\hat{p}) \fallingdotseq 0.003 \quad \Rightarrow \quad \hat{p} \pm 1.96 \cdot se(\hat{p}) \fallingdotseq [0.570,\ 0.583]$$ ■■■

예 11.5

Data2018을 사용하여 우리나라 임금근로자 중 정규직 근로자의 비중 p에 대한 95%의 신뢰구간을 구하라.

Data2018에서 정규직 근로자는 16,320명이다. 따라서

$$\hat{p} = \frac{16320}{25543} \fallingdotseq 0.639, \quad se(\hat{p}) \fallingdotseq 0.003 \quad \Rightarrow \quad \hat{p} \pm 1.96 \cdot se(\hat{p}) \fallingdotseq [0.633,\ 0.645]$$ ■■■

정의 오차의 한계(margin of error)

신뢰구간 $\widehat{CI}_{1-\alpha}(\theta)$의 반경 $z_{\alpha/2} \cdot se(\hat{\theta})$을 오차의 한계라 한다.

신뢰수준이 높아질수록 오차의 한계는 증가한다. 예컨대, 신뢰수준이 90% → 95% → 99%로 높아짐에 따라 $z_{\alpha/2}$가 1.645 → 1.96 → 2.576으로 커지기 때문에 오차의 한계도 증가한다. 신뢰수준 이외에도 $se(\hat{\theta})$는 오차의 한계의 크기를 결정하는 요인이다. 이 값은 n이 클수록 작고 θ를 추정하기 어려울수록 크다. 참고로 베르누이 모집단의 평균에 대한 신뢰구간 $\widehat{CI}_{1-\alpha}(p)$의 오차의 한계($M$)는 $\hat{p}$이 0.5일 때 가장 크다.

$$M = z_{\alpha/2} \cdot \sqrt{\hat{p}(1-\hat{p})/n} \le \frac{z_{\alpha/2}}{2} \cdot \sqrt{n}$$

이 사실을 이용하면, 주어진 신뢰수준에서 오차의 한계를 일정 수준 미만으로 하기 위한 최소 표본의 수를 계산할 수 있다. 즉,

$$n \ge \left(\frac{z_{\alpha/2}}{2M}\right)^2$$

예컨대, 95%의 신뢰수준에서 오차의 한계를 3% 미만으로 하려면, n이 최소 1,068이 되어야 한다.

$$n \ge \left(\frac{1.96}{2 \times 0.03}\right)^2 \fallingdotseq 1067.11$$

|참고| 정규분포 모집단과 t-분포

만일 모집단분포가 정확히 정규분포라면, $\overline{X}$의 표본분포는 표본의 크기 n과 상관없이 정규분포를 따르고, $\overline{X}$를 표준화한 Z의 분포는 정확히 표준정규분포다.

$$Z = \frac{\overline{X} - \mu_{\overline{X}}}{\sigma_{\overline{X}}} \sim N(0,\ 1)$$

그리고 Z의 $\sigma_{\overline{X}}$를 $se(\overline{X})$로 대체한 통계량 T의 표본분포는 자유도가 $(n-1)$인 t분포를 따른다.

$$T = \frac{\overline{X} - \mu_{\overline{X}}}{se(\overline{X})} = \frac{\overline{X} - \mu}{S/\sqrt{n}} \sim t(n-1)$$

t분포는 표준정규분포와 비슷하게 0을 중심으로 좌우 대칭이고 종모양으로 생겼지만, 표준정규분포에 비해 꼬리 부분이 조금 더 두껍다는 특징이 있다. 그렇지만, 자유도가 증가하면 꼬리 부분이 점차 얇아져 표준정규분포에 근접한다.

그림 11.2 t분포의 모습

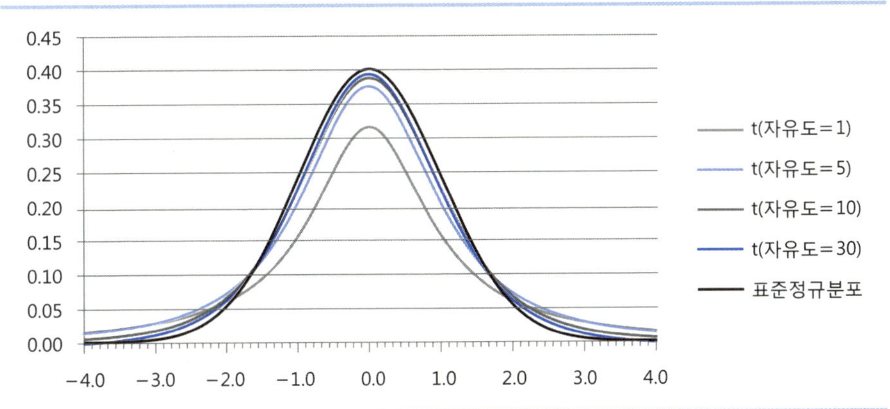

좌우대칭인 t분포를 사용하여 도출한 μ의 신뢰구간도 $\overline{X}$가 중심이고 좌우대칭이다.

$$\overline{X} \pm t_{\alpha/2} \cdot se(\overline{X})$$

여기에서, $t_{\alpha/2}$는 자유도가 $(n-1)$인 t분포에서 우측 꼬리부분의 확률이 $\alpha/2$에 해당하는 백분위수다. 표준정규분포와 비교하여 t분포의 꼬리부분이 더 두껍기 때문에, $t_{\alpha/2}$는 $z_{\alpha/2}$보다 더 크다. 예컨대, 표본의 크기 n이 25(자유도=24)일 경우, 95%의 신뢰수준에서 $t_{\alpha/2}=2.064$는 $z_{\alpha/2}=1.96$보다 크다. 그렇지만 n이 증가함에 따라 $t_{\alpha/2}$와 $z_{\alpha/2}$의 차이는 점차 줄어든다.

통계 패키지는 대체로 T의 표본분포가 자유도가 $(n-1)$인 t분포라 가정하고 신뢰구간을 도출한다. 만일 X의 모집단 분포가 정규분포가 아닐 경우에 이렇게 도출한 신뢰구간은 논리적으로 틀린 것이다. 그렇지만 n이 충분히 크다면 X의 모집단 분포가 정규분포가 아니더라도 t분포의 자유도가 커서 $t_{\alpha/2}$가 $z_{\alpha/2}$와 별 차이가 없으므로 실질적으로는 t분포를 이용한 신뢰구간을 도출하더라도 무방하다.

실습문제

Data2018를 사용하여 30세 미만의 청년 집단에 속한 근로자들을 대상으로 다음에 있는 모수들에 대한 유사추정량과 추정량의 표준오차를 구하라. (※ Data2016 또는 Data2020를 사용하거나 청년 집단 대신 제조업 집단이나 종사자 규모가 300명 이상 집단 등에 속해 있는 근로자들을 대상으로 다시 질문)

1. (1) $\mu=E(income)$, (2) $\mu_1=E(income|income\geq 200)$,
   (3) $\mu_2=E(income|regular=2)$

2. (1) $p_1=P[income\geq 200]$, (2) $p_2=P[regular=2]$,
   (3) $p_{12}=P[income\geq 200,\ regular=2]$,
   (4) $p_{(1|2)}=P[income\geq 200|regular=2]$,
   (5) $p_{(2|1)}=P[regular=2|income\geq 200]$

Chapter

12

가설검정

제1절 주요 개념

앞 장에서와 같이 우리나라 임금근로자의 급여를 X라 하자. Data2018에서 μ $(=E(X))$를 추정한 결과는 248.23만원이다. 그렇다면 이 추정결과로 미루어 μ가 240만원보다 많다고 주장할 수 있을까? 여기에서 '$\mu>240$'이라는 주장은 우리나라 전체 임금근로자들의 급여의 분포의 중심에 대한 가정이다. 이처럼 연구자가 파악하고자 하는 모집단의 분포 특성에 관한 가정이나 주장을 일컬어 가설(hypothesis)이라 한다. 그리고 제기된 가설이 타당한지 여부를 표본을 사용하여 통계적으로 옳은 방법으로 판단하는 것을 통계적 가설검정 혹은 간단히 가설검정(hypothesis testing)이라 한다.

정의 가설검정(Hypothesis Testing)

가설검정이란 모집단에서 추출된 표본을 사용하여 그 모집단 분포의 특성에 대한 가정의 타당성 여부를 판단하는 통계적 절차다.

가설검정의 원리와 절차는 형사재판과 매우 유사하고, 앞 장에서 살펴본 추정 이론에 비추어 그다지 어렵지 않게 이해될 수 있다. 그렇지만 가설검정에 사용되는 용어와 개념들이 다소 생소할 수 있으므로 이를 먼저 정리하기로 한다.

가설검정의 목표는 연구자가 제기한 주장을 받아들일 수 있을지 여부를 판단하는 것이다. 가설검정에서는 이처럼 새롭게 제기된 **연구가설**(research hypothesis)을 **대립가설**(alternative hypothesis, H_1)이라 한다. 그리고 그에 반대되는 가설을 **귀무가설**(null hypothesis, H_0)이라 한다.

임금근로자의 평균급여에 관한 사례에서 연구자가 제기한 가설은 μ가 240만원보다 크다는 것이다. 즉, '$\mu > 240$'이 대립가설이고, 그에 반대되는 '$\mu \leq 240$'이 귀무가설이다.

H_0: $\mu \leq 240$ (임금근로자의 평균급여는 240만원을 초과하지 않는다.)

H_1: $\mu > 240$ (임금근로자의 평균급여는 240만원을 초과한다.)

그렇다면 Data2018의 248.23만원을 보고 귀무가설이 틀렸다고 판단할 수 있을까? μ가 240만원을 초과하지 않는다 하더라도 확률변수인 $\overline{X}$가 이 자료에서 240만원보다 더 큰 값으로 실현되었을 가능성을 완전히 배제할 수는 없다. 즉, $\overline{X}$가 실현된 값이 귀무가설에 반하는 것이라 하더라도 귀무가설이 틀렸다고 자신할 수 없다는 것이다. 가설검정에서는 귀무가설에 반하는 증거가 충분하다고 판단되는 경우에만 귀무가설을 기각하는 것을 원칙으로 한다. 따라서, 만일 Data2018에서 실현된 248.23만원이 귀무가설에 반하는 충분히 강력한 증거가 아니라 판단된다면, 귀무가설의 진위 여부를 판단하지 않고 현상을 유지(status quo)한다.

정의 귀무가설과 대립가설

귀무가설(H_0)

- 거짓으로 판명되지 않는 한, 진위 여부를 판단하지 않고 현상을 유지하는 가설

대립가설(H_1)

- 가설검정을 통해 연구자가 주장하고 싶은 연구가설

원칙 가설검정의 원칙

가설검정의 결과는 'H_0을 기각한다' 또는 'H_0을 기각하지 않는다' 중의 하나다. 만일 자료에서 찾은 증거가 H_0을 뒤집을 정도로 충분하지 않다면, H_0을 기각하지 않는 것이 원칙이다.

H_0에 반하는 증거가 충분하다.	➡	H_0을 기각한다.
H_0에 반하는 증거가 충분치 않다.	➡	H_0을 기각하지 않는다.

이와 같은 가설검정의 원칙은 형사재판에서 유죄판결을 내리는 것을 어렵게 하는 '무죄추정의 원칙'과 매우 흡사하다. 무죄추정의 원칙이란 피고인이 범죄를 저질렀다는 '합리적 의심의 여지가 없는(beyond a reasonable doubt)' 충분한 증거가 제시되지 않는 한 피고인에게 유죄를 선고하지 않는 원칙이다. 여기에서 한 가지 유념할 점은 'H_0을 기각하지 않는다'라는 것이 H_0이 옳기 때문에 내려진 판단이 아니라는 것이다. 즉, 무죄추정의 원칙에 따라 피고인에게 유죄를 선고하지 않았을 뿐이지 그 피고인의 결백을 입증한 것은 아니라는 것이다. 따라서 'H_0이 옳다'라는 표현은 부적절하다.

가설검정에서는 진실을 모르는 상황에서 H_0을 기각해야 할지 기각하지 말아야 할지 여부를 판단해야 한다. 이에 따라 옳은 H_0을 잘못 기각하거나 틀린 H_0을 기각하지 못하는 오류가 발생할 수 있다. 옳은 H_0을 잘못 기각하는 오류를 제1종 오류(Type 1 error)라 한다. 그리고 틀린 H_0을 기각하지 못하는 오류를 제2종 오류(Type 2 error)라 한다.

형사재판의 경우와 비교하자면 제1종 오류는 아무 죄도 없는 피고인에게 유죄를 선고하는 오류다. 그리고 제2종 오류는 피고인이 실제로 범죄를 저질렀음에

정의 제1종 오류와 제2종 오류

판단 \ 진실	H_0이 참	H_0이 거짓
H_0을 기각한다.	제1종 오류	옳은 결정
H_0을 기각하지 않는다.	옳은 결정	제2종 오류

도 불구하고 유죄를 선고하지 않는 오류다.

확률변수인 통계량이 실현된 값을 사용하여 미지의 모수에 대한 가설을 판단하는 통계적 가설검정에서는 오류의 발생 여부를 확률적으로 나타낼 수 있다. 제1종 오류를 범할 확률을 유의수준(significance level)이라 한다. 즉, 유의수준이란 옳은 H_0을 잘못 기각할 확률이다.

정의 유의수준

제1종 오류를 범할 확률을 유의수준이라 하고, 통상 α로 표시한다.

$$\alpha = P(\text{제1종 오류}) = P(H_0\text{을 기각한다} \mid H_0\text{이 참})$$

유의수준은 '조건부 확률'이다. 제1종 오류를 범하지 않을 확률은 $(1-\alpha)$다. 이는 앞장에서 살펴보았던 신뢰구간의 신뢰수준과 동일한 개념이다.

$$1-\alpha = P(H_0\text{을 기각하지 않는다} \mid H_0\text{이 참})$$

신뢰수준을 미리 정해 놓고 신뢰구간을 도출했던 것과 마찬가지로 가설검정에서도 유의수준을 미리 정해 놓고 H_0의 기각 여부를 판단한다. 대개의 경우 유의수준은 10%, 5%, 또는 1% 정도로 매우 작은 값으로 정해진다. 유의수준을 작게 설정하는 것은 제1종 오류를 가급적 범하지 않으려 하기 때문이다. 그렇지만 신뢰수준을 100%로 설정하지 않듯이 유의수준을 0%로 정하지는 않는다. 유의수준을 0%로 정한다는 것은 H_0을 기각하는 것을 원천적으로 불가능하게 만드는 것과 같다. 즉, 형사재판에서 아무리 강력한 증거가 제시되더라도 피고인에게 절대로 유죄를 선고하지 않고 무죄 방면하겠다는 것과 같은 의미다.

제2종 오류를 범할 확률도 조건부 확률이다.

$$\beta = P(\text{제2종 오류}) = P(H_0\text{을 기각하지 않는다} \mid H_0\text{이 거짓})$$

그리고 제2종 오류를 범하지 않을 확률 $(1-\beta)$를 검정력(power)이라 한다. 즉, 검정력은 H_0이 거짓일 때 이를 기각할 확률이다.

$$1-\beta = P(H_0\text{을 기각한다} \mid H_0\text{이 거짓}) = 1 - P(\text{제2종 오류})$$

귀무가설의 진위를 모르는 상황에서는 제1종 오류를 줄이려 할수록 제2종 오류를 범할 가능성은 커진다. 즉, 형사재판에서 피고인에게 유죄를 선고하지 않으려 할수록 범죄자를 방면하는 오류의 가능성이 높아지는 것과 같다.

가설검정에서 미지의 모수에 대한 가설을 판단하기 위해 사용하는 통계량을 검정통계량(test statistic)이라 한다. 그리고 H_0 하에서 검정통계량의 표본분포를 귀무분포(null distribution)라 한다. 그리고 검정통계량과 귀무분포를 사용하여 가설검정을 하는 방법은 기각역(rejection region)을 사용하는 방법과 p값(p-value)을 사용하는 방법 등 두 가지다. 먼저 기각역을 사용하는 방법은 검정통계량이 임계치(critical value)를 넘어서는 영역에서 실현될 경우에 H_0을 기각하는 것이다. 따라서 임계치를 도출해 내는 것이 기각역 방법의 관건이다. 이를 위해 검정통계량의 귀무분포가 사용된다.

정의 임계치

주어진 유의수준에서 H_0의 기각 여부를 결정하는 기준점을 임계치라 한다.

한편, p값을 사용하는 방법은 미리 정해 놓은 유의수준 α보다 p값이 더 작을 경우에 H_0을 기각하는 방법이다.

$$p\text{값} < \alpha \Leftrightarrow H_0 \text{ 기각}$$

여기에서 p값이란 H_0이 옳다는 가정 하에서 검정통계량이 주어진 자료에서 실현된 값보다 더 이상한 값으로 실현될 확률이다. 즉, p값은 H_0이 옳다고 하기 어려운 정도를 측정하는 값이다. 따라서, 유의수준에 비해 p값이 너무 작아서 H_0이 옳다고 하기 어려운 경우에 H_0을 기각하자는 것이 바로 p값을 사용하는 방법이다. 임계치와 마찬가지로 p값은 검정통계량의 귀무분포를 사용하여 계산될 수 있다. 기각역을 사용하는 방법은 p값을 사용하는 방법과 같은 것이다. 즉, 검정통계량이 임계치를 넘어서는 경우에는 p값이 유의수준보다 작고, 역으로 p값이 유의수준보다 작은 경우에는 검정통계량이 임계치를 넘어선다.

정의 p값

H_0이 옳을 때 검정통계량이 자료에서 실현된 값보다 더 이상한 값으로 실현될 확률을 p값이라 한다

통계적 가설검정의 주요 용어와 개념

귀무가설	거짓으로 판명되지 않는 한, 현상유지되는 가설(H_0)
대립가설	연구자가 주장하고자 하는 연구가설(H_1)
제1종 오류	옳은 H_0을 잘못 기각하는 오류
제2종 오류	틀린 H_0을 기각하지 못하는 오류
유의수준	제1종 오류를 범할 확률(α)
검정력	제2종 오류를 범하지 않을 확률($1-\beta$)
검정통계량	모수에 대한 가설을 판단하기 위해 사용하는 통계량
귀무분포	H_0 하에서의 검정통계량의 표본분포

임계치	주어진 유의수준에서 H_0의 기각 여부를 결정하는 기준점
p값	H_0 하에서 검정통계량이 자료에서 실현된 값보다 더 이상한 값으로 실현될 확률

제2절 통계적 가설검정

미지의 θ에 대한 가설검정의 유형은 대립가설 H_1의 형태에 따라 양측검정(two-sided test)과 두 종류의 단측검정(one-sided test)으로 구분된다.

구 분	H_1	H_0
양측검정	$\theta \neq \theta_0$	$\theta = \theta_0$
단측검정 ①	$\theta > \theta_0$	$\theta = \theta_0 (\theta \leq \theta_0)$
단측검정 ②	$\theta < \theta_0$	$\theta = \theta_0 (\theta \geq \theta_0)$

귀무가설 H_0는 H_1에 반대되는 가설이다. 따라서 양측검정의 경우에는

$$H_0 : \theta = \theta_0$$

임을 쉽게 알 수 있다. 단측검정의 경우에는 H_1에 반대되는 H_0의 형태를 위의 표의 괄호 안에 표시된 것과 같이 부등식으로 나타내는 것이 원칙하다. 그렇지만 양측검정과 마찬가지로 H_0을 등식으로 나타내더라도 논리적으로 아무런 문제가 없다. 예컨대, 단측검정 ①에서 H_0에 해당하는 θ의 영역은 $\{\theta = \theta_0\}$과 $\{\theta < \theta_0\}$이지만, 둘 중 어떤 것이 옳다는 것을 판단하는 것이 아니므로, 굳이 $\{\theta < \theta_0\}$를 H_0에 나타내지 않더라도 무방하다. 즉, $\{\theta = \theta_0\}$이 기각된다면 $\{\theta < \theta_0\}$은 당연히 기각되는 것이기 때문에, 가장 보수적인 $\{\theta = \theta_0\}$만 H_0에 나타내더라도 충분하다.

추정량 $\hat{\theta}$의 정확한 표본분포는 알 수 없다. 그러나, $\overline{X}$와 마찬가지로 표본의 크기 n이 증가함에 따라 평균이 $E(\hat{\theta})$이고 분산이 $V(\hat{\theta})(=\sigma_{\hat{\theta}}^2)$인 정규분포에 가

까워진다고 가정할 수 있다. 따라서, $\hat{\theta}$이 θ에 대한 일치 추정량이라면, $\hat{\theta}$의 귀무분포는 평균이 θ_0이고 분산이 $\sigma^2_{\hat{\theta}}$인 정규분포에 수렴한다.[1]

$$\hat{\theta} \sim_A N(\theta_0, \sigma^2_{\hat{\theta}})$$

그리고 $\hat{\theta}$을 표준화한 Z_0의 귀무분포는 표준정규분포로 수렴한다.

$$Z_0 = \frac{\hat{\theta} - \theta_0}{\sigma_{\hat{\theta}}} \sim_A N(0, 1)$$

대부분의 경우 $\hat{\theta}$의 표준편차 $\sigma_{\hat{\theta}}$는 모르는 값이다. 그렇지만 $\sigma_{\hat{\theta}}$를 추정한 $\hat{\theta}$의 표준오차 $se(\hat{\theta})$과 별 차이가 없다면, Z_0의 $\sigma_{\hat{\theta}}$를 $se(\hat{\theta})$로 대체한 T_0를 검정통계량으로 사용할 수 있다.

$$T_0 = \frac{\hat{\theta} - \theta_0}{se(\hat{\theta})}$$

참고로 $\hat{\theta}$의 귀무분포가 수렴하는 정규분포에서 $\sigma_{\hat{\theta}}$을 모를 수도 있지만, T_0의 귀무분포가 수렴하는 표준정규분포에는 미지의 모수가 없다.[2]

단측검정

단측검정 ①의 경우, $\hat{\theta}$이 θ_0보다 더 크게 실현되어야 H_1을 뒷받침하는 증거가 될 수 있다. 예컨대, Data2018에서 평균급여 $\overline{X}(=\hat{\theta})$가 240만원보다 크게 실현되어야만 '$H_1$: $\mu > 240$'을 뒷받침할 수 있다. 그러나 $\hat{\theta}$이 θ_0보다 더 크게 실현되었다고 해서 무조건 H_0이 틀렸다고 할 수는 없다. H_0 하에서도 $\hat{\theta}$이 θ_0보다 더 크게 실현될 수 있기 때문이다. 그런데 만일 $\hat{\theta}$이 θ_0보다 훨씬 더 크게 실현

1 일치 추정량일 경우 $\hat{\theta}$의 편의는 0으로 수렴한다. 즉, $\lim_{n \to \infty} E(\hat{\theta} - \theta) = 0$.

2 이처럼 미지의 모수가 없는 분포로 수렴하는 검정통계량을 점근적 피봇 검정통계량(asymptotically pivotal test statistic)이라 한다.

되었다면, H_0을 믿기보다는, H_0을 기각하고 H_1을 채택하는 것이 더 합리적이다. 즉,

$$T_0 > c \ (c > 0) \ \Leftrightarrow \ H_0 \text{ 기각}$$

위의 표현에서 c가 바로 임계치다. 그리고 임계치를 벗어나는 영역 $\{T_0 > c\}$가 기각역이다. 참고로 [그림 12.1]은 이상의 논의를 도식화한 것이다.

그림 12.1 단측검정 ①의 임계치(c)와 기각역

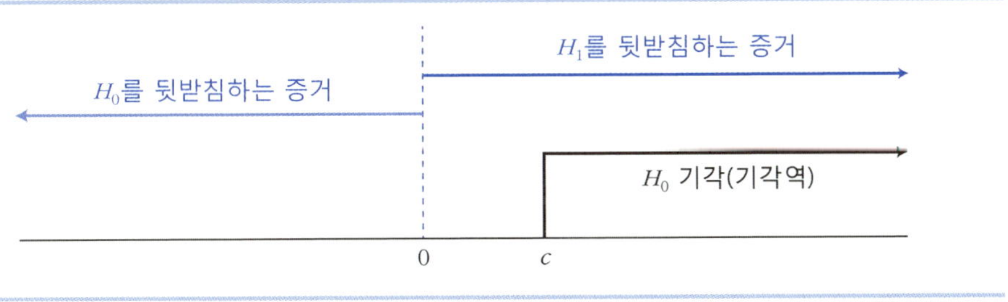

결국, 임계치 c를 도출하는 것이 관건이다. 그런데, 유의수준 α는 'H_0 : $\theta = \theta_0$'이 옳다는 가정 하에서 H_0을 기각할 확률이다. 즉,

$$\alpha = P(T_0 > c | \theta = \theta_0)$$

표본의 크기가 충분히 클 경우, T_0의 귀무분포는 표준정규분포에 수렴한다. 따라서 우측 꼬리부분의 확률이 α인 표준정규분포의 상위 $100 \cdot \alpha$%에 대한 백분위수 z_α를 c에 대한 근사치로 사용할 수 있다.

$$c \fallingdotseq z_\alpha$$

한편, H_0이 옳다는 가정 하에 T_0가 자료에서 실현된 t_0보다 더 이상한 값으로 실현될 확률을 p값이라 한다. 즉,

$$p\text{값} = P(T_0 > t_0 | \theta = \theta_0)$$

이 확률은 표준정규분포를 사용하여 계산할 수 있다. 즉,

$$p\text{값} \fallingdotseq 1-\Phi(t_0)$$

단측검정 ②에 대한 기각역과 p값도 단측검정 ①과 마찬가지로 도출할 수 있다. 단측검정에 대한 이상의 논의를 정리하면 다음 표와 같다.

구분	단측검정 ①	단측검정 ②
기각역	$T_0 > z_\alpha$	$T_0 < -z_\alpha$
p값	$1-\Phi(t_0)$	$\Phi(t_0)$

예 12.1

이제까지의 논의를 정리하는 차원에서 우리나라 임금근로자의 평균급여에 대한 가설검정의 문제를 다시 살펴보자.

본 장의 앞 부분에 제시된 임금근로자의 평균급여에 대한 가설검정의 문제는 단측검정 ①에 해당되며 $\mu_0(=\theta_0)$는 240만원이다. 즉,

$$H_0: \mu = 240 \quad \text{대} \quad H_1: \mu > 240$$

Data2018에서 $\overline{X}$와 $se(\overline{X})$는 각각 248.23만원과 1.06만원으로 실현되었다. $\overline{X}$의 귀무분포를 모르더라도 '$n=25{,}543$'이 충분히 크므로, 중심극한정리를 적용한 가설검정은 할 수 있다. 즉, 5%의 유의수준에서 임계치 c에 대한 근사치는 1.645 $(=z_{0.05})$다. 즉, 이 자료에서 실현된 T_0는 기각역에 속한다.

$$T_0 = \frac{248.23-240}{1.06} \fallingdotseq 7.80 > 1.645$$

따라서, 5%의 유의수준에서 H_0을 기각하고 우리나라 임금근로자의 평균임금 μ가 240만원보다 더 많다고 판단한다. 한편, 중심극한정리를 적용하여 도출한 p값도 5%보다 더 작은 값은 값이므로 H_0을 기각한다는 결론은 동일하다.

$$p\text{값} = P(T_0 > 7.80) \approx 0.0000 < 0.05$$

■■■

양측검정

단측검정과 마찬가지 이유로 표본에서 $\hat{\theta}$이 θ_0과 다르더라도 큰 차이가 없다면 H_0을 기각하지 않는 것이 원칙이다. 그렇지만 그 차이가 크다면 H_0을 기각하고 H_1을 받아들이는 것이 합리적이다. 즉,

$$|T_0| > c \ (c > 0) \ \Leftrightarrow \ H_0 \text{ 기각}$$

그리고 이렇게 H_0을 잘못 기각할 확률이 유의수준 α라는 사실을 이용하여 임계치에 대한 근사값과 기각역을 도출할 수 있다. 즉, 유의수준이

$$\alpha = P[|T_0| > c | \theta = \theta_0]$$

이므로, 임계치 c에 대한 근사값은 $z_{\alpha/2}$이고 그 값을 벗어나는 영역이 기각역이다.

$$|T_0| > z_{\alpha/2}$$

참고로 표준정규분포에서 양쪽 꼬리부분의 확률이 동일하게 임계치를 설정하는 것은 좌우 대칭의 신뢰구간을 도출할 때와 같은 논리다. 따라서, 양측검정의 기각역은 좌우 대칭의 신뢰구간에 포함되지 않는 영역과 같다.

한편, p값은 $|T_0|$가 자료에서 실현된 값인 $|t_0|$보다 더 떨어져 있을 확률이다. 즉,

$$p\text{값} = P(|T_0| > |t_0| \ | \ \theta = \theta_0)$$

구 분	양측검정
기각역	$\|T_0\| > z_{\alpha/2}$
p값	$P(\|T_0\| > \|t_0\|) = 2 \times P(T_0 > \|t_0\|)$

예 12.2

Data2018을 사용하여 우리나라 임금근로자의 평균급여가 250만원과 다르다고 주장할 수 있는지 5%의 유의수준에서 검정하라.

$$H_0 : \mu = 250 \quad \text{대} \quad H_1 : \mu \neq 250$$

Data2018에서 계산한 t_0의 값은 -1.68이다. 그리고 그 절대값은 5%의 유의수준에 대한 $z_{\alpha/2}$보다 크지 않다.

$$|t_0| = 1.68 < 1.96 = z_{0.025}$$

따라서, H_0을 기각하지 않는다. 그리고 p값이 유의수준보다 더 크기 때문에, H_0을 기각하지 않는다는 결론은 동일하다.

$$p\text{값} = 0.09 > 0.05$$

■■■

|참고| 검정통계량 T_0의 분포는 t분포가 아닌가?

만일 $\hat{\theta}$의 표본분포가 정확히 정규분포일 경우, 앞의 신뢰구간에 관한 논의에서와 마찬가지로 T_0의 귀무분포는 자유도가 $(n-1)$인 t분포다. 그러나 모집단분포가 정규분포라는 보장은 어디에도 없다. 만일 모집단이 정규분포가 아님에도 불구하고 정규분포를 가정하고 가설을 검정한다면, 그릇된 판단을 할 위험이 있다. 따라서 n이 크지 않다면 무리해서 그릇된 판단을 하는 것보다는 아예 가설검정을 하지 않는 편이 더 낫다.

그렇지만 만일 n이 충분히 큰 경우에는 T_0의 귀무분포를 자유도가 $(n-1)$인 t분포라 하더라도 실질적으로는 별 문제가 없다. 즉, 모집단분포를 정규분포라 가정하지 않더라도 n이 크다면 T_0의 귀무분포는 표준정규분포로 수렴할 것이고, n이 큰 t분포는 표준정규분포와 거의 유사하기 때문이다. 실제로 많은 통계패키지들은 T_0의 귀무분포를 자유도가 $(n-1)$인 t분포라 가정한다. 그러나 n이 충분히 큰 경우에만 이 검정 결과를 받아들일 수 있다는 것을 반드시 유념해야 할 것이다.

모집단 비율에 대한 가설검정

모집단 비율 p는 베르누이 모집단의 평균 μ와 같으며, 가설검정의 절차와 방법도 앞에서 설명했던 것과 다를 바 없다. 다만, H_0 하에서는

$$\sigma_{\hat{p}} = \sqrt{p_0(1-p_0)/n}$$

이므로, Z_0를 검정통계량으로 사용할 수 있다.

$$Z_0 = \frac{\hat{p} - p_0}{\sqrt{p_0(1-p_0)/n}}$$

물론 Z_0를 사용하지 않고 T_0를 사용하더라도 논리적으로 아무런 문제가 없다.

$$T_0 = \frac{\hat{p} - p_0}{se(\hat{p})}$$

구 분	모집단 비율의 검정	기각역	p값
단측검정 ①	$H_0: p = p_0$ 대 $H_1: p > p_0$	$Z_0 > z_\alpha$	$P(Z_0 > z_0)$
단측검정 ②	$H_0: p = p_0$ 대 $H_1: p < p_0$	$Z_0 < -z_\alpha$	$P(Z_0 < -z_0)$
양측검정	$H_0: p = p_0$ 대 $H_1: p \neq p_0$	$\|Z_0\| > z_{\alpha/2}$	$P(\|Z_0\| > \|z_0\|)$

예 12.3

Data2018을 사용하여 250만원 이하의 급여를 받는 우리나라 임금근로자의 비율이 65% 미만이라 할 수 있는지 1%의 유의수준에서 검정하라.

임금근로자의 급여를 X라 하고, 이 확률변수가 250 이하일 경우에는 "1"이고 250보다 큰 경우에는 "0"의 값을 갖는 새로운 확률변수를 D라 하자.

$$D = 1[X \leq 250]$$

D는 성공확률이 p인 베르누이 확률변수다.

$$D \sim Bernoulli(p)$$

그리고 p가 바로 250만원 이하의 급여를 받는 임금근로자의 비중이다.

이 가설검정의 유형은 '$p_0=0.65$'인 단측검정 ②에 해당한다.

$$H_0 : p=0.65 \text{ 대 } H_1 : p<0.65$$

Data2018에서 실현된 p의 값은 0.639다. 그리고 H_0 하에서 $\hat{p}$을 표준화한 검정통계량 Z_0의 값은 -3.69이다.

$$z_0 = \frac{0.639-0.65}{\sqrt{\frac{0.65 \cdot (1-0.65)}{25543}}} \fallingdotseq -3.69$$

이 값은 1%의 유의수준에서 기각역에 속한다.

$$z_0 \approx -3.69 < -2.326 = -z_{0.01}$$

그리고 p값도 α보다 작다.

$$P(Z_0 < -3.69) \fallingdotseq 0.0001 < 0.01$$

따라서, 1%의 유의수준에서 H_0을 기각하고 250만원 이하의 급여를 받는 임금근로자의 비중이 65% 미만이라 판단한다. 참고로 이 자료의 T_0 값은 -3.66이다. 따라서 Z_0를 사용할 때와 마찬가지로 H_0을 기각한다. ■■■

실습문제

Data2018를 사용하여 30세 미만의 청년 집단에 속한 근로자들을 대상으로 다음의 주장들을 5%의 유의수준에서 판단하라. (※ Data2016 또는 Data2020를 사용하거나 청년 집단 대신 제조업 집단이나 종사자 규모가 300명 이상 집단 등에 속해 있는 근로자들을 대상으로 다시 질문)

1. (1) 비정규직 근로자의 평균급여는 150만원 미만이다.
   (2) 정규직 근로자의 평균급여는 200만원보다 더 많다.

2. (1) 비정규직 근로자의 비중은 40% 미만이다.
   (2) 비정규직 근로자 중 200만원보다 더 적은 급여를 받는 근로자의 비중은 80%를 초과한다.

Chapter

13

통계적 추론의 응용 – 평균의 차이

제1절 두 모집단 평균의 차이

'0'과 '1'로 표시된 두 모집단에서 크기가 n_0와 n_1인 IID 표본이 추출되었다고 가정하자.

$$\{Y_{0i}:\ i=1,\ \cdots\ n_0\} \sim i.i.d \quad E(Y_{0i})=\mu_0,\ V(Y_{0i})=\sigma_0^2$$
$$\{Y_{1i}:\ i=1,\ \cdots\ n_1\} \sim i.i.d \quad E(Y_{1i})=\mu_1,\ V(Y_{1i})=\sigma_1^2$$

단, $(\mu_x,\ \sigma_x^2)$은 모집단 $x(=0,1)$의 기대값과 분산을 나타낸다. 모집단 평균의 차이(difference in population means)란 두 기대값 $(\mu_0,\ \mu_1)$ 간의 차이다. 즉,

$$\theta=\mu_1-\mu_0$$

그리고 유사성의 원칙에 따라 모집단 평균의 차이는 표본평균의 차이로 추정될 수 있다.

$$\hat{\theta}=\overline{Y}_1-\overline{Y}_0$$

만일 두 표본의 크기 $(n_0,\ n_1)$가 충분히 크다면, 중심극한정리에 따라 $\hat{\theta}$에 있는 각 $\overline{Y}_x(x=0,1)$의 표본분포를 정규분포에 근사시킬 수 있고, $\hat{\theta}$을 표준화한 Z의 분포를 표준정규분포에 근사시킬 수 있다. 즉,

$$Z=\frac{\hat{\theta}-\theta}{\sigma_{\hat{\theta}}} \sim_A N(0,\ 1)$$

단, $\sigma_{\hat{\theta}}(\equiv\sqrt{V(\hat{\theta})})$은 $\hat{\theta}$의 표준편차다. 특히 두 표본평균 $\bar{Y}_0$와 $\bar{Y}_1$이 상호독립이라 가정한다면,

$$V(\hat{\theta})=V(\bar{Y}_1-\bar{Y}_0)=V(\bar{Y}_1)+V(\bar{Y}_0)=\frac{\sigma_1^2}{n_1}+\frac{\sigma_0^2}{n_0}$$

일반적으로는 $\sigma_x^2(x=0,1)$를 모르기 때문에 Z의 분모에 있는 $\sigma_{\hat{\theta}}$을 $se(\hat{\theta})$으로 추정하고, $se(\hat{\theta})$를 사용한 통계량 T의 분포를 표준정규분포에 근사시킬 수 있다는 사실을 이용하여 θ에 대한 신뢰구간을 도출하거나 가설을 검정한다.

$$T=\frac{\hat{\theta}-\theta}{se(\hat{\theta})}\sim_A N(0,\ 1)$$

단, $\hat{\theta}$의 표준오차 $se(\hat{\theta})$은 다음과 같이 계산할 수 있다.

$$se(\hat{\theta})=\sqrt{se(\bar{Y}_1)^2+se(\bar{Y}_0)^2}=\sqrt{\frac{S_1^2}{n_1}+\frac{S_0^2}{n_0}}\quad \text{또는}\quad \sqrt{\frac{\hat{\sigma}_1^2}{n_1}+\frac{\hat{\sigma}_0^2}{n_0}}$$

참고로 위의 $se(\hat{\theta})$은 σ_1^2과 σ_0^2이 서로 다를 수도 있다는 것을 염두에 두고 도출한 강건(robust)한 표준오차다.

|참고|

(1) 동분산과 이분산

두 분산 (σ_1^2, σ_0^2)이 서로 같은 경우를 일컬어 동분산(homoscedasticity)이라 하고 서로 다른 경우를 이분산(heteroscedasticity)이라 한다. 일반적으로 두 분산은 서로 다르다. 즉, 이분산이 일반적이다. 그러나 만일 동분산을 가정할 수 있다면, 이 사실을 이용하여 $\hat{\theta}$의 표준편차를 더 효율적으로 추정할 수 있다. 즉, $\sigma_1^2=\sigma_0^2$ $(=\sigma^2)$이라면, $\hat{\theta}$의 분산은 아래의 V_E와 같다.

$$V_E=\frac{\sigma^2}{n_1}+\frac{\sigma^2}{n_0}=\sigma^2\cdot\left(\frac{1}{n_1}+\frac{1}{n_0}\right)$$

그리고 V_E의 추정량 $\hat{V}_E$는 다음과 같이 계산할 수 있다.

$$\hat{V}_E = S_p^2 \cdot \left(\frac{1}{n_1} + \frac{1}{n_0}\right)$$

단, S_p^2는 $(n_1 - 1)$과 $(n_0 - 1)$의 크기에 따라 S_1^2과 S_0^2를 가중평균한 값으로 공통분산(pooled variance)이라 일컫는다.

$$S_p^2 = \frac{(n_1 - 1) \cdot S_1^2 + (n_0 - 1) \cdot S_0^2}{n_1 + n_0 - 2}$$

동분산일 경우, S_p^2은 S_1^2이나 S_0^2보다 σ^2을 효율적으로 추정할 수 있고, $\hat{V}_E$은 $\hat{\theta}$의 분산을 효율적으로 추정한다. 그리고 $\hat{V}_E$의 양의 제곱근 $\sqrt{\hat{V}_E}$은 $\hat{\theta}$의 표준오차로 사용될 수 있다. 그렇지만 이분산일 경우, $\hat{\theta}$의 분산은 V_E와 다른 값이고, $\sqrt{\hat{V}_E}$은 $\hat{\theta}$의 표준오차가 아니다.

표본의 크기가 별로 크지 않았던 예전에는 $\hat{\theta}$의 분산을 효율적으로 추정하는 것이 절실했다. 이에 따라 동분산이 일반적이고 이분산이 예외적인 현상이라 생각하고, 동분산을 전제로 $\sqrt{\hat{V}_E}$를 $\hat{\theta}$의 표준오차로 사용하면서 예외적으로 이분산이 있는지 여부를 그곳에 탐지하려 하였다. 그런데, 두 모집단 평균의 차이에 대한 추론을 하면서 분산이 동일하다고 가정하는 것은 어불성설이 아닐까? 그곳에 n_1과 n_0이 모두 크다면, σ_1^2과 σ_0^2을 효율적으로 추정해야 할 필요성은 예전만큼 절실하지 않다. 결국, 틀릴 가능성이 큰 동분산을 가정하고 $\sqrt{\hat{V}_E}$를 사용하는 것보다는 이분산일 경우에도 틀리지 않는 강건(robust)한 방법으로 $\hat{\theta}$의 표준오차를 추정하는 것이 마땅하다.

(2) 정규분포의 가정

두 모집단의 확률변수 Y_0와 Y_1가 모두 정규분포를 따른다는 가정 하에, 통계량 T의 표본분포는 df의 자유도를 갖는 t분포다.

$$T = \frac{\hat{\theta} - \theta}{se(\hat{\theta})} \sim t(df)$$

만일 동분산을 가정할 수 있다면, 자유도 df는 'n_1+n_0-2'이다. 그러나 앞에서도 보았듯이 동분산을 가정하는 것은 비현실적이다. 동분산이 아닐 경우, t분포의 자유도 df는 Satterthweite의 방법에 따라 도출될 수 있다.

$$df \fallingdotseq \frac{\left(\dfrac{S_1^2}{n_1}+\dfrac{S_0^2}{n_0}\right)^2}{\dfrac{1}{n_1-1}\left(\dfrac{S_1^2}{n_1}\right)^2+\dfrac{1}{n_0-1}\left(\dfrac{S_0^2}{n_0}\right)^2}$$

물론 Y_0와 Y_1의 분포가 정규분포라는 가정도 동분산의 가정만큼 비현실적이다. 따라서 동분산이 아닐 수도 있고 Y_0와 Y_1의 분포가 정규분포가 아닐 수도 있다는 전제 하에 T의 분포를 도출하는 것이 마땅하다. 다행히 중심극한정리에 따라 n_1과 n_0이 모두 크다면 T의 분포를 표준정규분포에 근사시킬 수 있다. 그리고 이 경우 Satterthweite의 방법에 따라 도출된 df도 매우 크다. 결국, 정규분포의 가정은 비현실적이지만, 통계량 T의 분포를 Satterthweite의 자유도를 갖는 t분포에 근사시켜 도출한 결과는 별 문제없이 사용할 수 있다.

예 13.1

2015년의 소비자물가지수(CPI)를 기준(100)으로 2016년의 물가지수는 100.97이고 2020년에는 105.42다.[1] 2015년의 기준가격으로 환산한 2016년과 2020년의 실질급여의 평균의 차이에 대한 95%의 신뢰구간을 도출하라.

아래의 표는 2016년과 2020년 실질급여의 표본평균과 표본의 표준편차다.

연도	표본의 크기	표본평균	표준편차
2016	$n_0=25163$	$\overline{Y}_0=229.088$	$S_0=158.614$
2020	$n_1=25137$	$\overline{Y}_1=244.105$	$S_1=161.034$

1 통계청 자료 참조 http://kostat.go.kr/incomeNcpi/cpi/cpi_td/2/1/index.action?bmode=cpidtval

이 표를 사용하여 $\hat{\theta}$과 $\hat{\theta}$의 표준오차를 계산할 수 있다. 즉,

$$\hat{\theta}=\overline{Y}_1-\overline{Y}_0=244.105-229.088=15.017$$

$$se(\hat{\theta})=\sqrt{\frac{S_1^2}{n_1}+\frac{S_0^2}{n_0}}=\sqrt{\frac{(161.034)^2}{25137}+\frac{(158.614)^2}{25163}}=1.425$$

따라서, 95%의 신뢰구간은 다음과 같다.

$$\hat{\theta}\pm 1.96\cdot se(\hat{\theta})=15.017\pm 1.96\cdot 1.425=[12.223,\ 17.810]$$

■■■

예 13.2

2016년과 2020년의 비정규직 근로자 비중의 차이에 대한 95%의 신뢰구간을 도출하고, 그 비중에 차이가 있는지 5%의 유의수준에서 검정하라. 그리고 2016년에 비해 2020년의 비정규직 근로자 비중이 3% 이상 증가했는지에 대해 5%의 유의수준에서 검정하라.

2016년과 2020년의 비정규직 근로자 비중을 추정한 표는 아래와 같다.

연도	표본의 크기	비정규직 근로자 비중
2016	$n_0=25163$	$\hat{p}_0=0.355$
2020	$n_1=25137$	$\hat{p}_1=0.395$

비정규직 근로자 비중의 차이와 표준오차는

$$\hat{\theta}=\hat{p}_1-\hat{p}_0=0.04,\quad se(\hat{\theta})=\sqrt{\frac{\hat{p}_1(1-\hat{p}_1)}{n_1}+\frac{\hat{p}_0(1-\hat{p}_0)}{n_0}}=0.003$$

따라서, 95%의 신뢰구간은

$$\hat{\theta}\pm 1.96\cdot se(\hat{\theta})=0.04\pm 1.96\cdot 0.003=[0.032,\ 0.049]$$

귀무가설 'H_0 : $\theta=0$'($\Leftrightarrow$ H_0 : $\mu_1=\mu_0$) 하에서는 동분산을 가정하고 $\hat{\theta}$의 표준오

차와 T_0를 계산할 수 있다.

$$se_E(\hat{\theta}) = \sqrt{\hat{p}(1-\hat{p})} \cdot \sqrt{\frac{1}{n_1} + \frac{1}{n_0}} = 0.004$$

위에서 $\hat{p}$은 2016년과 2920년을 합한 근로자 50,300(=25,163+25,137)명 중 비정규직 근로자의 비중이다. 이에 따라,

$$T_0 = \frac{\hat{\theta}}{se_E(\hat{\theta})} = 9..317$$

5%의 유의수준에서 2016년과 2020년의 비정규직 근로자 비중이 다르다고 판단한다. 참고로 동분산을 가정하지 않더라도 동일하게 판단할 수 있다.

$$T_0 = \frac{\hat{\theta}}{se(\hat{\theta})} = 9.325$$

마지막에 있는 가설검정은 'H_0 : $\theta = 0.03$ vs. H_1 : $\theta > 0.03$'이다. 주의할 점은 동분산을 가정할 수 없다는 것이다. 동분산을 가정하지 않고 T_0를 계산한 값은 1.645보다 더 크다.

$$T_0 = \frac{(\hat{\theta} - 0.03)}{se(\hat{\theta})} = 2.371$$

따라서, 5%의 유의수준에서 2016년에 비해 2020년의 비정규직 근로자 비중이 3% 이상 증가했다고 할 수 있다. ■■■

제2절 조건부 평균의 차이

제1절에서는 두 개의 모집단에서 추출된 별도의 자료를 사용하여 모집단 평균의 차이를 분석하였다. 그런데 하나의 모집단에서 추출된 자료를 사용하여 제1절과 유사한 분석을 해야 하는 경우도 있다. 예를 들면, Data2018과 같이 남성과 여성 근로자들이 함께 포함되어 있는 하나의 모집단에서 추출된 자료를 사

용하여 성별 평균급여의 차이를 분석하는 경우다. 편의상, 하나의 모집단으로부터 두 확률변수 (X, Y)에 대한 크기가 n인 IID표본이 추출되었다고 가정하자.

$$\{(X_i, Y_i):\ i=1,\ \cdots,\ n\} \sim i.i.d$$

여기에서 X_i는 전체 표본을 둘로 구분하는 베르누이 확률변수다. 따라서 X_i가 1일 때의 Y_i의 조건부 기대값 μ_1과 X_i가 0일 때의 Y_i의 조건부 기대값 μ_0 간의 차이 θ에 대한 통계적 추론을 하는 것이 분석의 목표다.

$$\theta = \mu_1 - \mu_0 = E[Y|X=1] - E[Y|X=0]$$

유사성의 원칙에 따라 집단 1의 표본평균 $\overline{Y}_1$과 집단 0의 표본평균 $\overline{Y}_0$ 간의 차이로 θ을 추정할 수 있다.[2] 즉,

$$\overline{Y}_1 = \frac{\sum_{i=1}^{n} X_i \cdot Y_i}{\sum_{i=1}^{n} X_i},\quad \overline{Y}_0 = \frac{\sum_{i=1}^{n}(1-X_i)\cdot Y_i}{\sum_{i=1}^{n}(1-X_i)} \quad \Rightarrow \quad \hat{\theta} = \overline{Y}_1 - \overline{Y}_0$$

집단 x의 크기 n_x가 미리 정해져 있지 않고 표본에 따라 다르게 실현될 수 있는 통계량이라는 점에서 제1절의 내용과 차이가 있다.

$$n_1 = \sum_{i=1}^{n} X_i \quad n_0 = n - n_1 = \sum_{i=1}^{n}(1-X_i)$$

예컨대, 집단1을 남성 근로자 집단이라 할 경우, Data2018에 있는 남성 근로자의 수 13,673명은 n_1이 실현된 값이고, 남성 근로자의 비중 0.535(=13673/25543)는 n_1/n이 실현된 값이다. 즉, Data2018의 남성 근로자 비중 0.535는 $P(X=1)$에 대한 추정량 n_1/n이 실현된 값이다. 비록 이러한 차이가 있기는 하지만, T의 표본분포를 표준정규분포에 근사시켜 θ에 대한 신뢰구간을 도출하거나 가설검정을 하는 것은 앞의 제1절의 내용과 다르지 않다.[3]

2 $\hat{Y}_x(x=0,\ 1)$을 셀 평균(cell average)이라 한다.

3 참고로, $\hat{\theta}$에 중심극한정리를 적용할 수 있으려면 n이 충분히 크고 '$0<P(X=1)<1$'이라는 기술적 조건이 필요하다. 이는 앞의 제1절에서 n_1과 n_0가 충분히 커야 한다는 조건과 동일하다. 그리고 IID 표본의 가정 하에서 $\overline{Y}_1$와 $\overline{Y}_0$는 상호독립이다.

$$T = \frac{\hat{\theta} - \theta}{se(\hat{\theta})} \sim_A N(0,\ 1),\quad se(\hat{\theta}) = \sqrt{\frac{S_1^2}{n_1} + \frac{S_0^2}{n_0}} \quad \text{또는} \quad \sqrt{\frac{\hat{\sigma}_1^2}{n_1} + \frac{\hat{\sigma}_0^2}{n_0}}$$

단, $se(\hat{\theta})$의 S_x^2 또는 $\hat{\sigma}_x^2(x=0,\ 1)$은 $\sigma_x^2 = V(Y - X = x)$에 대한 일치 추정량이다.

예 13.3

Data2018을 사용하여 2018년의 성별 급여의 격차에 대한 95%의 신뢰구간을 도출하라. 그리고 남성 근로자가 여성에 비해 평균적으로 100만원 이상 더 받는다고 할 수 있는지 5%의 유의수준에서 검정하라.

Data2018에서 실현된 급여의 표본평균과 표본의 표준편차가 다음과 같다.

연도	표본의 크기	표본평균	표준편차
여성	$n_0 = 11870$	$\overline{Y}_0 = 186.677$	$S_0 = 121.749$
남성	$n_1 = 13673$	$\overline{Y}_1 = 301.665$	$S_1 = 184.739$

위의 표에서 $\hat{\theta}$과 $\hat{\theta}$의 표준오차를 계산할 수 있다. 즉,

$$\hat{\theta} = \overline{Y}_1 - \overline{Y}_0 = 301.665 - 186.677 = 114.988$$

$$se(\hat{\theta}) = \sqrt{\frac{S_1^2}{n_1} + \frac{S_0^2}{n_0}} = \sqrt{\frac{(184.739)^2}{13673} + \frac{(121.749)^2}{11870}} = 1.935$$

이에 따라, θ에 대한 95%의 신뢰구간은 다음과 같다.

$$\hat{\theta} \pm 1.96 \cdot se(\hat{\theta}) = 114.988 \pm 1.96 \cdot 1.935 = [111.20,\ 118.78]$$

한편, 1% 미만의 아주 작은 유의수준에서도 여성 근로자에 비해 남성 근로자들이 평균적으로 100만원 이상 더 많이 받는다고 판단할 수 있다.

$$H_0 : \theta = 100 \text{ 대 } H_1 : \theta > 100,$$

$$T_0 = \frac{114.988 - 100}{1.935} \fallingdotseq 7.745$$

■■■

[예 13.3]에 있는 θ는 전체 근로자를 남성과 여성으로 구분하고 근로자의 급여에 관한 조건부 PDF의 차이를 중심위치의 차이로 측정한 모수다. 즉,

$$\theta = E(Y|X=1) - E(Y|X=0) = \int y f_1(y) dy - \int y f_0(y) dy$$

단, X는 남성이면 1이고 여성이면 0인 베르누이 확률변수이고 Y는 근로자의 급여를 나타내는 확률변수이며, $f_x(y)\,(x=0,1)$는 X의 조건 하에서 도출한 Y의 조건부 PDF다.

$$f_x(y) = f_{Y|X}(y|X=x) \quad (x=0,1)$$

그런데 Data2018을 사용하여 도출한 [그림 13.1]의 두 히스토그램을 보면, $f_1(y)$와 $f_0(y)$가 평균뿐 아니라 위치들도 다를 수 있고 변동성도 다를 수 있다고 짐작할 수 있다. 참고로 〈표 13.1〉의 몇 가지 수치척도들도 이러한 짐작을

그림 13.1 Data2018에서 성별 급여의 히스토그램

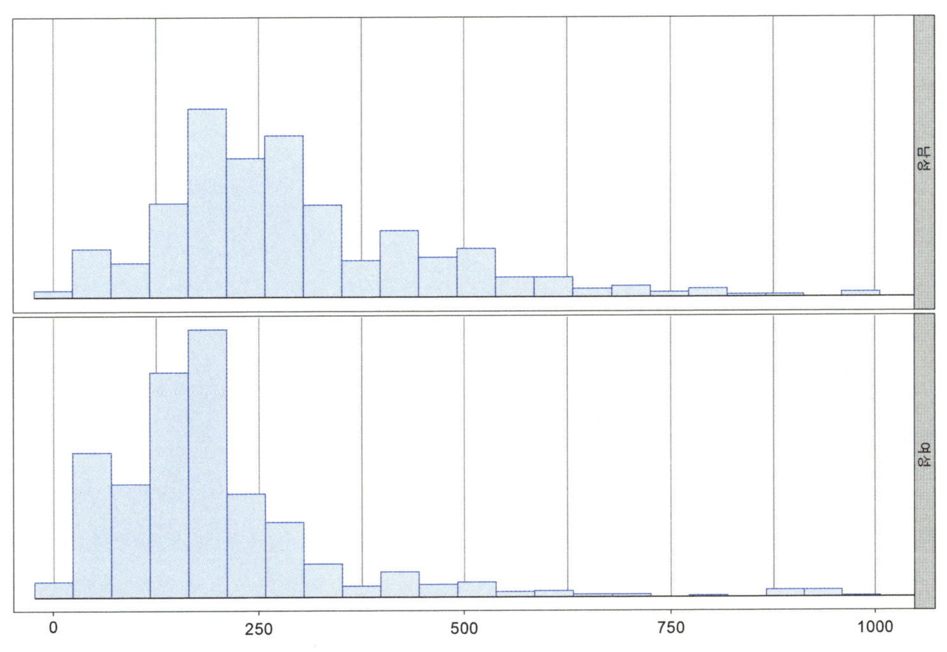

표 13.1 Data2018에서 성별 급여분포의 위치 및 변동성 척도

척 도		집 단	
		남 성	여 성
위 치	평 균	301.66	186.67
	중앙값	260	170
	하위 10%	130	50
	상위 10%	500	330
변동성	IQR	190	120
	표준편차	184.74	121.75

뒷받침한다.

결국, [그림 13.1]와 〈표 13.1〉는 남녀간 급여의 격차가 두 조건부 PDF의 중심 위치의 차이인 θ에 국한되어 있는 것이 아니라는 것을 보여준다. 그럼에도 불구하고 θ가 성별 급여의 격차에 관한 척도로 가장 많이 사용되고 있다.

근로자의 급여에 영향을 미칠 수도 있는 여러 변수들이 θ에 반영되어 있지 않다는 점도 주목할 필요가 있다. 즉, θ는 근로자의 교육수준이 성별로 다를 수 있다는 것을 반영하지 못하는 척도다. 예컨대, Data2018에서 고졸 이상의 학력을 가진 남성 근로자의 비중이 57%인 것에 비해 여성 근로자의 비중은 48% 정도에 불과하다. 만일 교육수준이 높아짐에 따라 더 많은 급여를 받는다면, [예 13.3]의 114.988만원에는 남성들의 교육수준이 여성에 비해 상대적으로 더 높기 때문에 더 많은 급여를 받았다는 것이 반영되어 있지 않다. 즉, θ는 두 집단 간의 교육수준의 차이와는 전혀 상관없는 평균급여의 차이일 뿐이다. 참고로, Data2018에서 근로자의 교육수준을 고졸학력 이하($edu \leq 3$)로 통제하고 θ를 추정한 값은 99.205만원이다. 결국, [예 13.3]의 114.988만원은 Data2018에 있는 남성과 여성 근로자들의 평균급여의 차이에 불과하며 성적차별이라 할 수는 없다.

예 13.4

Data2018을 사용하여 성별 비정규직 근로자 비중의 차이에 대한 95%의 신뢰구간을 도출하라 그리고 남성에 비해 여성의 비정규직 근로자 비중이 15% 이상 더 큰지에 대해 5%의 유의수준에서 검정하라.

Data2018에서 실현된 남성과 여성의 비정규직 근로자 비중은 아래와 같이 추정된다.

연도	표본의 크기	비정규직 근로자 비중
여성	$n_0 = 11870$	$\hat{p}_0 = 0.449$
남성	$n_1 = 13673$	$\hat{p}_1 = 0.285$

이에 따라 성별 비정규직 근로자 비중의 차이와 표준오차 및 95%의 신뢰구간을 도출하면 다음과 같다.

$$\hat{\theta} = \hat{p}_1 - \hat{p}_0 = -0.164, \quad se(\hat{\theta}) = \sqrt{\frac{\hat{p}_1(1-\hat{p}_1)}{n_1} + \frac{\hat{p}_0(1-\hat{p}_0)}{n_0}} = 0.006$$

$$\hat{\theta} \pm 1.96 \cdot se(\hat{\theta}) = -0.164 \pm 1.96 \cdot 0.006 = [-0.176,\ -0.152]$$

여성의 비정규직 근로자 비중이 남성의 비중보다 15% 이상 크다고 할 수 있는지에 대한 가설검정의 문제와 검정통계량은 다음과 같다.

$$H_0 : \theta = -0.15 \text{ 대 } H_1 : \theta < -0.15$$

$$T_0 = \frac{-0.164 + 0.15}{0.006} = -2.314 < -1.645$$

따라서, 5%의 유의수준에서 H_0을 기각하고, 여성 근로자의 비정규직 비중이 남성 근로자의 비중에 비해 15% 이상 더 크다고 할 수 있다. ■■■

 **|참고|**

(1) 무작위 표본(random sample)과 층화 표본(stratified sample)

(X, Y)의 결합 모집단에서 Y의 표본이 어떻게 추출되었는지에 따라 표본을 두 가지 유형으로 구분할 수 있다. 첫 번째 유형은 (X, Y)를 동시에 무작위로 추출한 무작위 표본이다. 예컨대, Data2018은 무작위 표본이다. 두 번째 유형은 집단1과 집단0의 크기를 미리 정해 놓고 각 집단에서 Y의 표본을 추출하는 방식이다. 이러한 유형의 표본을 층화 표본이라 한다.

(2) 쌍체표본(paired sample)과 독립표본(independent sample)

맞벌이 가구를 대상으로 남편의 임금 Y_1과 아내의 임금 Y_0에 대한 표본을 추출했다고 하자.

$$\{(Y_{1i}, Y_{0i}): i = 1, \cdots, n\}$$

이처럼 맞벌이 가구라는 하나의 공통된 특성을 가진 개체 i에서 변수 Y에 대한 두 개의 관찰치 (Y_{1i}, Y_{0i})가 포함되어 있는 형태의 표본을 쌍체표본이라 한다. 쌍체표본에서는 모집단 평균의 차이가 $D(=Y_1-Y_0)$의 모집단 평균 $E(D)$와 같다. 즉, X가 1이면 남편이고 0이면 아내라 한다면, X로 구분되는 두 집단 간의 평균의 차이는 각 가정에서 남편과 아내의 임금의 차이 D의 평균과 같다.

$$E(Y|X=1)-E(Y|X=0)=E(D)$$

이에 반해, Y_1과 Y_0을 동시에 관찰하지 못하는 표본을 독립표본이라 한다. Data2018은 독립표본에 해당한다.

제3절 인과효과

비정규직 근로자가 정규직으로 전환되면, 급여는 얼마나 인상될 수 있을까? 이러한 인과효과(causal effect)를 추정하기 위해, 먼저 근로자 i의 근로형태가 정규직이면 1이고 비정규직이면 0의 값을 갖는 변수 X_i를 정의하자. 예컨대, Data2018에서 첫 번째 관찰치는 비정규직 근로자이고 네 번째 관찰치는 정규직 근로자다. 즉,

$$X_1 = 0, \quad X_4 = 1$$

이들처럼 Data2018에 있는 25,543명의 근로자들은 모두 X_i가 실현되는 값에 따라 정규직(=1)이거나 비정규직(=0)으로 구분될 수 있다. 임상시험(clinical trial)에서는 '집단 1'을 **처치집단(treatment group)**이라 하고 '집단 0'을 **통제집단(control group)**이라 한다. 그리고 전체 실험대상자(근로자)들을 '집단 1'과 '집단 0'으로 구분하는 베르누이 확률변수 X_i를 **처치변수(treatment variable)**라 한다.

$$X_i = \begin{cases} 1 \Leftrightarrow \text{처치집단} \\ 0 \Leftrightarrow \text{통제집단} \end{cases}$$

근로자 i의 급여를 Y_i로 나타내면, 처지변수의 값으로 구분되는 정규직과 비정규직 근로자 집단 간 평균급여의 차이를 조건부 평균의 차이 θ로 나타낼 수 있다. 즉,

$$\theta = E(Y_i | X_i = 1) - E(Y_i | X_i = 0)$$

Data2018에서 θ를 추정한 값은 146.5만원이다.

$$\hat{\theta} = \overline{Y}_1 - \overline{Y}_0 = 301.128 - 154.624 = 146.504$$

그렇다면 146.5만원을 비정규직 근로자를 정규직으로 전환시킬 때 급여가 인상되는 효과로 해석할 수 있을까? 참고로 Data2018에 있는 첫 번째 근로자가 받은 급여는 27만원이다. 즉, Y_1이 실현된 값은 27이다. 그런데 이 금액은 이 근로자가 비정규직이었기 때문에 받은 급여이고, 그가 만일 정규직으로 근무했었더라면 받았었을 급여는 아니다. 즉, 27만원은 비정규직 급여 $Y_1(0)$가 실현된 값이고, 정규직 급여 $Y_1(1)$가 실현된 것이 아니다.

$$X_1 = 0,\ \ Y_1 = Y_1(0) = 27,\ \ Y_1(1)\text{은 미실현}$$

마찬가지로 Data2018에 있는 네 번째의 정규직 근로자가 받은 급여는 50만원이다. 이 근로자가 받은 급여 50만원은 그가 정규직이었기 때문에 $Y_4(1)$가 실현된 값이다. 비정규직 급여 $Y_4(0)$는 실현되지 않았다.

$$X_4 = 1,\ \ Y_4 = Y_4(1) = 50,\ \ Y_4(0)\text{은 미실현}$$

결국, Data2018에서 급여에 대한 25,543개의 관찰치들은 X_i가 어떤 값으로 실현되었는지에 따라 $Y_i(0)$와 $Y_i(1)$ 중 어느 하나가 실현된 값이다. 즉, Y_i는 X_i가 1이면 $Y_i(1)$이고 X_i가 0이면 $Y_i(0)$이다.

$$Y_i = X_i \cdot Y_i(1) + (1 - X_i) \cdot Y_i(0) \ \Leftrightarrow \begin{cases} X_i = 0 \ \rightarrow \ Y_i = Y_i(0) \\ X_i = 1 \ \rightarrow \ Y_i = Y_i(1) \end{cases}$$

두 확률변수 $Y_i(1)$과 $Y_i(0)$ 간의 차이 δ_i가 바로 근로자 i의 신분이 비정규직에서 정규직으로 전환되면서 급여가 인상되는 인과효과다. 즉,

$$\delta_i \equiv Y_i(1) - Y_i(0)$$

물론 δ_i는 관찰되지 않는다. 그렇지만 무작위 통제실험(RCT, Randomized Controlled Trial)을 가정할 수 있다면, $E(\delta_i)$을 두 집단 간 조건부 평균의 차이로 추정할 수 있다. $E(\delta_i)$을 평균적 인과효과(average causal effect)라 한다.

$$E(\delta_i) = E[Y_i(1) - Y_i(0)]$$

정리 평균적 인과효과

모든 실험대상자들이 처치집단과 통제집단에 완벽하게 무작위로 할당하는 무작위 통제실험(RCT) 하에서, 평균적 인과효과는 조건부 평균의 차이와 같은 값이다. 즉,

$$E(\delta_i) = E(Y_i | X_i = 1) - E(Y_i | X_i = 0)$$

이 정리는 RCT를 가정할 수 있을지 여부가 인과효과 추론의 핵심이라는 것을 보여준다. 즉, Data2018에서 θ를 추정한 146.5만원을 평균적 인과효과로 해석하려면, 근로자들이 정규직과 비정규직 집단에 완벽하게 무작위로 할당되어야 한다는 것이다. 만일 i가 정규직으로 근무하면 더 많은 급여를 받을 수 있다는 것을 미리 알고 있다면, i는 정규직으로 근무할 확률을 높이기 위해 교육을 더 많이 받을 수도 있다. 일반적으로 교육을 더 많이 받은 근로자의 급여는 더 많다. Data2018에서 정규직 근로자 집단(=처치집단)에서 고졸 학력 이상 학력을 가진 고학력자의 비중(61.6%)은 비정규직 근로자 집단(=통제집단)의 고학력자 비중(37.0%)보다 높게 나타났다. 결국, 정규직 근로자들의 교육수준이 상대적으로 더 높기 때문에 통제집단에 비해 처치집단의 평균급여가 더 많을 수밖에 없다는 점이 146.5만원에 반영되었을 가능성이 크다. 따라서, 146.5만원을 정규직으로의 전환에 따른 인과효과라 할 수는 없다.

RCT를 가정할 수 있으려면 급여에 영향을 주는 교육수준과 상관없이 근로자들을 처치집단과 통제집단에 무작위로 할당할 수 있어야 한다. 그렇지만 Data2018를 사용한 앞의 사례에서는 두 집단 간 교육수준에 차이가 있으므로 RCT를 가정할 수 없다. 이처럼 RCT를 가정하기 어려운 자료는 관찰자료(observational data)에 해당한다. 경제학을 포함하여 사회과학 분야의 연구에 사용되는 많은 자료들은 관찰자료인 경우가 많다. 반면, RCT를 가정할 수 있는 자료를 실험자료(experimental data)라 한다.

정의 실험자료와 관찰자료

실험자료와 관찰자료는 연구자가 처치변수를 통제할 수 있는지 여부에 따라 구분된다. 연구자가 처치변수를 완벽히 통제하여 실험대상자를 처치집단과 통제집단에 무작위로 할당하는 자료를 실험자료라 한다. 이에 반해, 연구자가 처치변수를 통제하지 못하는 자료를 관찰자료라 한다.

더블 블라인드

신약의 효과를 측정하는 임상시험에서는 신약의 치료를 받는 처치집단뿐 아니라 통제집단에 있는 모든 실험대상자들에게도 위약(placebo, 僞藥)을 투입하여 자신들이 실제로 치료를 받는다고 생각하게끔 한다. 심지어 치료를 담당하는 의료진에게도 신약과 위약을 구분할 수 없도록 임상시험을 설계한다. 이처럼 임상시험의 실험대상자와 의료진에게 처치집단과 치료집단을 구분할 수 없도록 하는 것을 '더블 블라인드(double blind)' 방식이라 한다. 이처럼 더블 블라인드 방식으로 임상시험을 설계하는 이유는 실험대상자들이 두 집단에 할당되었다는 것 이외의 어떤 변수도 신약의 효과에 체계적으로 영향을 미치지 못하게 하려는 것이다. 예컨대, 심리적 요인에 따라 치료효과가 달라지는 것을 방지하기 위함이다. 결국, 더블 블라인드 방식은 처치변수를 통제하여 임상시험의 신뢰도를 높이기 위한 것이다.

인과관계와 상관관계

만일 변수들 간의 인과관계가 있다면, 해당 변수들 간의 상관관계가 높게 나타날 수 있다. 그러나 반대로 변수들 간의 상관관계가 아무리 높다 하더라도 인과관계가 없을 수도 있다. 논리적으로 아무런 연관이 없더라도 상관관계가 높게 나타날 수 있기 때문이다. 예컨대, 아이스크림 판매량과 익사율 간에는 논리적으로 아무런 연관이 없지만 상관계수는 매우 높게 나타날 수 있다.

실습문제

Data2016과 Data2020에 있는 30세 미만의 청년 집단에 속한 근로자들을 대상으로 다음 각 문항에 답하라. (※ 청년 집단 대신 제조업 집단이나 종사자 규모가 300명 이상 집단 등에 속해 있는 근로자들을 대상으로 다시 질문)

1. 2015년의 가격으로 환산한 2020년의 실질급여를 Y_{20}라 하고 2016년의 실질급여를 Y_{16}이라 하자.
   (1) $\theta(=E[Y_{20}]-E[Y_{16}])$에 대한 유사추정량과 추정량의 표준오차를 구하라.
   (2) $\theta_{16}(=E[Y_{16}|sex=1]-E[Y_{16}|sex=2])$과 $\theta_{20}(=E[Y_{20}|sex=1]-E[Y_{20}|sex=2])$에 대한 유사추정량과 추정량의 표준오차를 구하라.
   (3) $\Delta(=\theta_{20}-\theta_{16})$가 증가했는지 5%의 유의수준에서 검정하라.

2. 다음 가설을 5%의 유의수준에서 판단하라.
   (1) 2016년에 비해 2020년의 비정규직 근로자의 비중이 증가했는가?
   (2) 성별 비정규직 근로자 비중의 차이는 2016년과 2020년에 동일한가?

실습문제 해답

제2장

2.

자료	정규직	비정규직	합계
Data2016	16,225	8,938	25,163
Data2018	16,320	9,223	25,543
Data2020	15,197	9,940	25,137

제4장

1.

범주	상대도수	누적상대도수
중졸이하 ($edu \leq 2$)	0.009	0.009
고등학교 ($edu = 3$)	0.215	0.224
전문대 ($edu = 4$)	0.275	0.499
대학 ($edu = 5$)	0.477	0.976
대학원 ($edu \geq 6$)	0.024	1.000

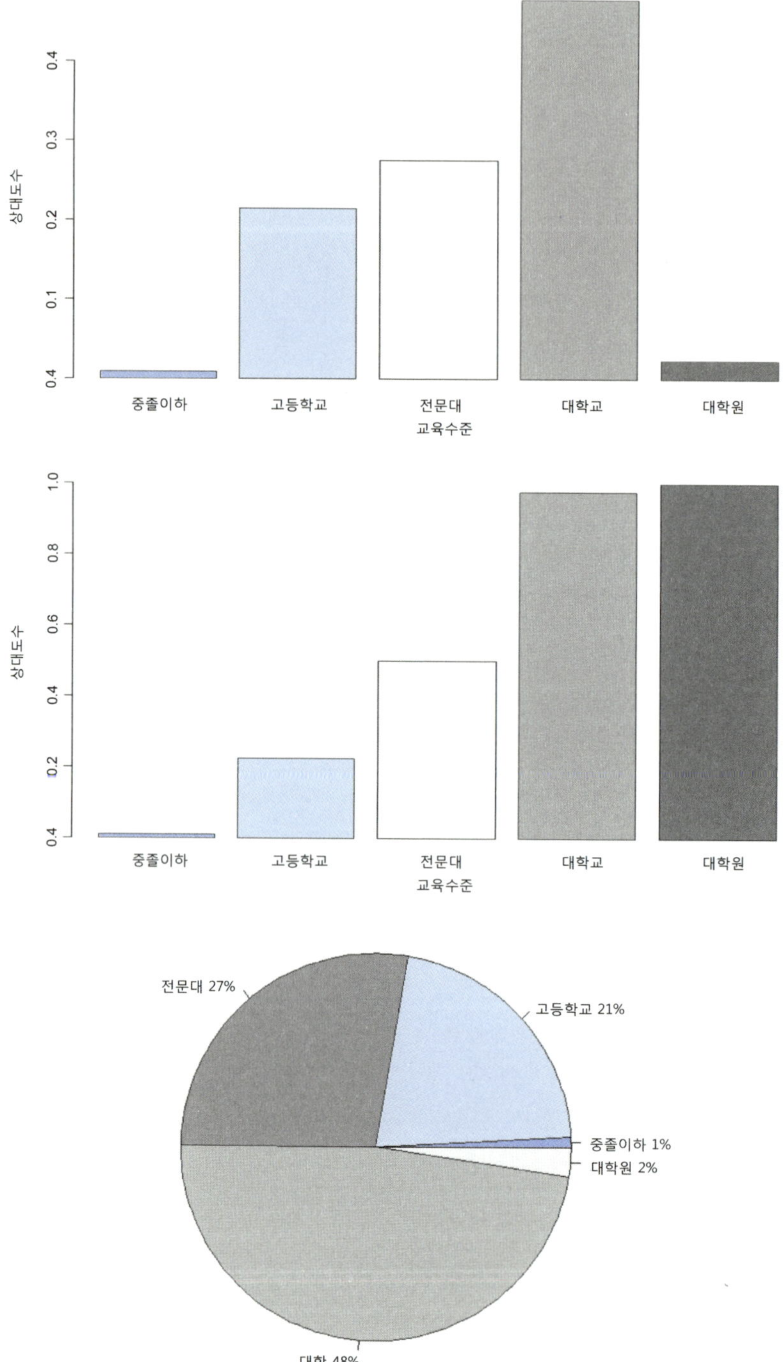

상대도수
0.4
0.3
0.2
0.1
0.4
중졸이하
고등학교
전문대
대학교
대학원
교육수준
상대도수
1.0
0.8
0.6
0.4
0.2
0.4
중졸이하
고등학교
전문대
대학교
대학원
교육수준
전문대 27%
고등학교 21%
중졸이하 1%
대학원 2%
대학 48%

2. (1) 위치척도

산술평균	중앙값	제1사분위수	제3사분위수
182.3	180	140	230

변동성 척도

IQR	표본 표준편차
90	87.439

(2) 히스토그램

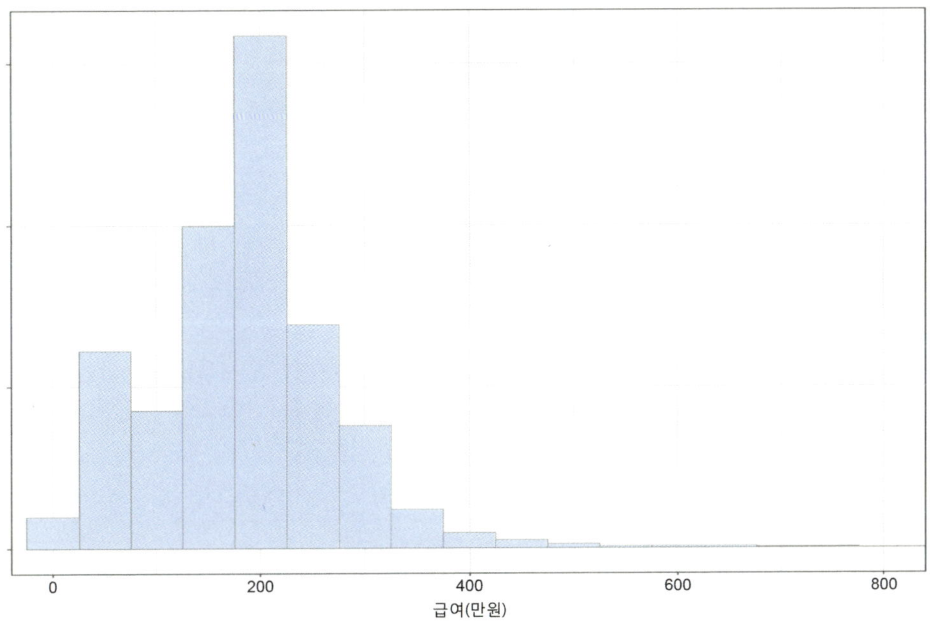

(3) 경험의 법칙과 비교하여 평균 주변의 1 또는 2 표준편차 이내의 구간에 속하는 근로자의 비중(%)은 더 밀집되어 있지만 3 표준편차 이내 구간의 비중은 덜 밀집되어 있다.

	d=1	d=2	d=3
경험의 법칙	68	95	99.7
Data2018의 청년 근로자	69.7	97.8	99.1

제5장

1.

	중졸이하	고등학교	전문대	대학교	대학원
정규직	0.588	0.643	0.700	0.600	0.540
비정규직	0.412	0.357	0.300	0.400	0.460

2. (1)

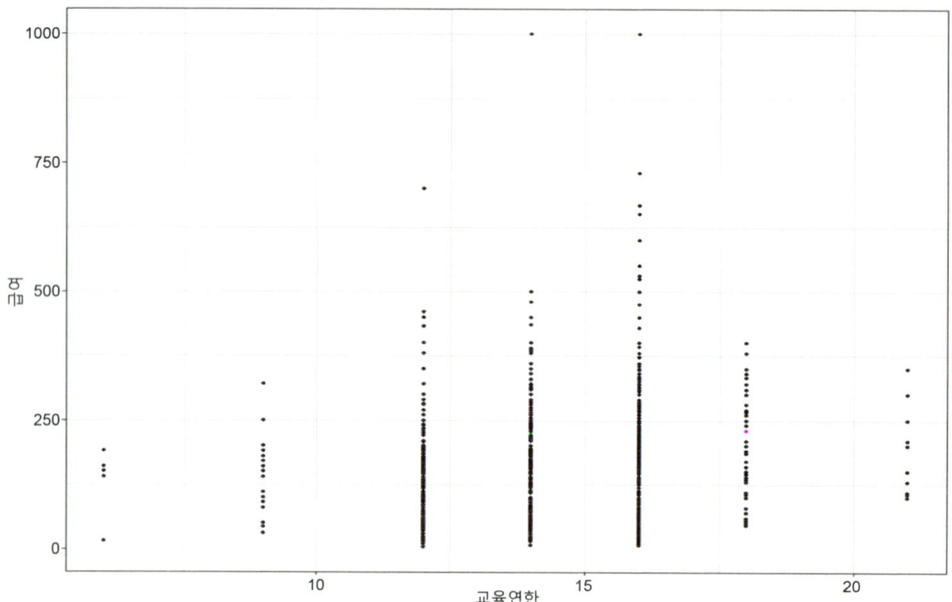

(2) $(s_{xy}, r_{xy}) = (11.001, 0.070)$: 양의 선형관계가 있지만, 그 강도는 약함.

(3) $\widehat{income} = 132.415 + 3.423 \cdot edu\_c$, $R^2 = 0.005$ 표본회귀선의 기울기는 (+). 결정계수는 0에 가까움.

제11장

1. (1) 182.319 (1.440), (2) 273.623 (2.003), (3) 128.860 (2.401)

2. (1) 0.319 (0.008), (2) 0.365 (0.008), (3) 0.056 (0.004), (4) 0.154 (0.010), (5) 0.176 (0.011)

제12장

1. (1) $T_0=-8.806<-1.645 \Rightarrow$ 더 적다 (2) $T_0=8.900>1.645 \Rightarrow$ 더 많다

2. (1) $T_0=-4.376<-1.645 \Rightarrow$ 40% 미만이다
   (2) $T_0=4.226>1.645 \Rightarrow$ 80%를 초과한다

제13장

1. (1) $(\hat{\theta},\ se(\hat{\theta}))=(17.432,\ 2.005)$
   (2) $(\hat{\theta}_{16},\ se(\hat{\theta}_{16}))=(17.536,\ 2.590)$, $(\hat{\theta}_{20},\ se(\hat{\theta}_{20}))=(27.606,\ 3.081)$
   (3) $\hat{\Delta}=10.070$, $se(\hat{\Delta})=4.025$, $\hat{\Delta}/se(\hat{\Delta})=2.502>1.645$ ($\therefore$ 증가했다)

2. (1) 2016년의 비정규직 비중: $(\hat{p}_{16},\ se(\hat{p}_{16}))=(0.366,\ 2.590)$
   2020년의 비정규직 비중: $(\hat{p}_{20},\ se(\hat{p}_{20}))=(0.419,\ 3.081)$
   $\Rightarrow\ \hat{\theta}=\hat{p}_{20}-\hat{p}_{16}=0.053$, $se(\hat{\theta})=0.011$, $\hat{\theta}/se(\hat{\theta})=4.693>1.645$ ($\therefore$ 증가했다)
   (2) 2016년의 성별 비정규직 비중의 차이: $(\hat{\theta}_{16},\ se(\hat{\theta}_{16}))=(-0.010,\ 0.016)$
   2020년의 성별 비정규직 비중의 차이: $(\hat{\theta}_{20},\ se(\hat{\theta}_{20}))=(-0.058,\ 0.016)$
   $\Rightarrow\ \hat{\Delta}=-0.048$, $se(\hat{\Delta})=0.023$, $\left|\dfrac{\hat{\Delta}}{se(\hat{\Delta})}\right|=|-2.100|>1.96$ ($\therefore$ 다르다)

찾아보기

ㄱ

가설검정 151
검정통계량 155
결정계수(R^2) 61
결합도수와 결합 상대도수 52
결합확률분포 74, 105
경제자료 6
경제자료의 유형 27-28
　횡단면 자료 27
　시계열 자료 27
　패널 자료, 종단 자료 28
경제활동인구조사자료 11-14
경험의 법칙 46
계급구간 38
고용임금통계자료 15-16
　정규직 근로자와 비정규직 근로자 14, 23
곱셈의 법칙 76
공분산과 상관계수 109
　표본 공분산과 상관계수 57-58
관찰자료와 실험자료 181
구간추정량 136, 144
귀무가설 152
귀무분포 155
균등분포 95
기각역 155
기대값 87
기술통계학 7-8

ㄷ

단측검정 157, 158
대립가설(연구가설) 152
대수의 법칙 130
도수분포표 35
독립 107
　상호독립 76, 108
　선형관계와 독립 111
독립표본 178
동분산 114, 168-169

ㅁ

막대그래프 35
명목변수 29
모집단 분포 124, 125
모집단 4, 122
모집단 평균의 차이 167
모수 125
무작위 통제실험(RCT) 180
무작위 표본 178
무작위 표본추출법 5

ㅂ

백분위수 44
베르누이(Bernoulli) 분포 92
  베르누이 변수 31
  베르누이 시행 92
변동성 척도 44
분산과 표준편차 90
  표본의 분산과 표준편차 45
불편추정량 139

ㅅ

사분범위(IQR) 44
산술평균 41
산포도 55
상자그림(상자-수염그림) 40, 47-48
센서스(인구주택총조사) 3, 4
서수변수 29
수치척도 41
신뢰구간 144
  신뢰수준 144
쌍체표본 178

ㅇ

양측검정 157, 161
연속확률변수 79
오차의 한계 148
유사성의 원칙 136
유사추정량 137
유의수준 154
위치척도 41
이분산 114, 168-169
이산확률변수 79
이원분류표 52
이진변수(베르누이 변수, 가변수, 더미변수) 31
이항분포 93
인과효과 178
  평균적 인과효과 180
일치성 141-142
  일치추정량 141
임계치 155

ㅈ

자유도 49
전수조사 4, 121
정규분포 97
  표준정규분포 98
정량적 변수 29-30
정성적(범주형) 변수 29-30
점추정량 136
제1종 오류, 제2종 오류 153
조건변수 112
조건부 상대도수 53
조건부 평균의 차이 172
조건부 확률분포 75, 112
  조건부 기대값 114
  조건부 분산 114
중심극한정리 131
중앙값 42
지수분포 96

ㅊ

처치집단 179
처치변수 179

최소자승법 60
최소자승추정량 60
추론통계학 7-8
추정량과 추정치 136
층화 표본 178

ㅌ

통계량 127
통제집단 179
특이값 39

ㅍ

파이차트 35
편의 138
평균자승오차(MSE) 137
포아송(Poisson) 분포 95
표본 4, 122
표본공간과 사건 70
표본분포 126
표본조사 4
표본평균 126, 129-133
표본회귀선(SRL) 60
표준오차 146
표준화와 비표준화 101

ㅎ

한계확률 74
효율성 137
확률 69, 72
수학적 확률, 선험적 확률,
경험적 확률 73
확률계산원칙 72
확률나무 76
확률변수 77
확률실험 69
확률분포 81
확률질량함수(PMF) 81
누적분포함수(CDF) 82
확률밀도함수(PDF) 85
히스토그램 37

기타

IID 124
MVUE(Minimum Variance Unbiased Estimator), BUE(Best Unbiased Estimator) 141
p값 156
Sturges의 공식 38

[저자 소개]

안형택

서울대학교 경제학과 학사를 받은 후 미국 위스콘신대학교에서 경제학 석사 및 박사 학위를 받았다. 미국 Virginia Polytechnic Institute & State University의 경제학과 조교수와 정보통신정책연구원의 연구위원 및 서울시립대학교 경제학과의 조교수를 역임하였고 현재 동국대학교 경제학과에 교수로 재직하고 있다.

유경준

서울대학교 경제학과 학사, 고려대학교 대학원 석사를 거쳐 미국 코넬대학교에서 경제학 박사 학위를 받았다.

한국개발연구원 수석이코노미스트, 국민경제자문회의 위원을 거쳐 15대 통계청 청장과 31대 한국노동경제학회 회장을 역임하였다.

한국기술교육대학교 테크노인력개발전문대학원 원장을 거쳐, 현재 21대 국회의원을 지내고 있다.

최근작 〈노동의 미래, 현암사, 2020〉, 〈통계 패러다임을 바꾸다, 통계청, 2017〉, 〈노동조합의 경제적 효과와 근로자 대표권 연구, 한국개발연구원, 2013〉

경제자료의 기초분석

초판인쇄 | 2021년 2월 20일
초판발행 | 2021년 2월 25일

지 은 이 | 안형택 · 유경준
패 낸 이 | 김광범
발 행 처 | 도서출판 **시대가치**
출판등록 | 2018년 3월 29일 제2018-000088호
주 소 | 서울특별시 마포구 토정로 222, 422-1호(한국출판콘텐츠센터)
전 화 | (02)3152-2620 Fax (02)6442-2621

ISBN 979-11-89607-39-5 93320
가격 18,000원